共同富裕

乡村振兴的使命

COMMON
PROSPERITY
the Mission of Rural Revitalization

俞则忠 ◎著

ZHEJIANG UNIVERSITY PRESS
浙江大学出版社

杭州出版社
HANGZHOU PUBLISHING HOUSE

·杭州·

图书在版编目（CIP）数据

共同富裕：乡村振兴的使命 / 俞则忠著. -- 杭州：
浙江大学出版社：杭州出版社，2023.11
ISBN 978-7-308-24289-9

Ⅰ. ①共… Ⅱ. ①俞… Ⅲ. ①共同富裕－研究－中国
Ⅳ. ①F124.7

中国国家版本馆CIP数据核字(2023)第197591号

共同富裕——乡村振兴的使命

GONGTONG FUYU——XIANGCUN ZHENXING DE SHIMING

俞则忠　著

责任编辑	朱　辉
责任校对	葛　娟
责任印制	范洪法
封面设计	春天书装
出版发行	浙江大学出版社
	（杭州市天目山路148号　　邮政编码　310007）
	（网址：http://www.zjupress.com）
	杭州出版社
	（杭州市西湖文化广场32号　　邮政编码　310014）
	（网址：https://www.hzcbs.com）
排　　版	杭州林智广告有限公司
印　　刷	杭州宏雅印刷有限公司
开　　本	710mm×1000mm　1/16
印　　张	11.75
字　　数	166千
版 印 次	2023年11月第1版　2023年11月第1次印刷
书　　号	ISBN 978-7-308-24289-9
定　　价	69.00元

序

　　实现共同富裕与乡村振兴是中华民族伟大复兴征程中的重大历史任务。在伟大复兴的征程中，我们要深刻认识数字经济时代的特点、规律及作用，以数字化为引领，以数字产业化和产业数字化为抓手，促进数字经济向元宇宙经济转变，努力为实现共同富裕与乡村振兴开创新的纪元！

　　习近平总书记指出："共同富裕是社会主义的本质要求，是人民群众的共同期盼。我们推动经济社会发展，归根结底是要实现全体人民共同富裕。"[①] 共同富裕既是这样一项伟大的事业，又反映社会主义的本质和要求，因此，本书试图从一个新的维度观察和探索共同富裕与乡村振兴的问题。

　　要实现共同富裕，就要把握乡村振兴与共同富裕的辩证关系，认识到乡村振兴是实现共同富裕的主要矛盾，只有实现乡村振兴才能谈得上共同富裕。"共同富裕"与"乡村振兴"的内在规定性反映了实现其目标所需的经济基础和制度保障，促进生产关系和谐稳定，推进社会发展和进步。共同富裕与乡村振兴是辩证的统一，两者是统一体中的两个方面，既有着内在的逻辑联系，又互为因果、相互促进。

　　实现共同富裕与乡村振兴的关键是建设新农村。目前我国城乡发展不平衡，要实现共同富裕，乡村振兴是战略，解决"三农"问题是关键。因此，要全面推

---

① 习近平：关于《中共中央关于制定国民经济和社会发展第十四个五年规划和二〇三五年远景目标的建议》的说明。《人民日报》，2020年11月04日02版。

进乡村振兴和新农村建设，把乡村建设摆在更加重要的位置，集中力量建设社会主义新农村。只有这样，农村才能焕发青春和活力。

实现共同富裕与乡村振兴的重点是农民。全面实施乡村振兴战略，要让农民在实现共同富裕上取得更为明显的实质性进展。因此，要富裕农民、提高农民、扶持农民，把促进农民增收、提升农业供给质量、提高城乡一体化水平作为重点来抓。只有这样，才能推动全体人民共同富裕迈出坚实步伐。

实现共同富裕与乡村振兴的核心是农村产业化。当前我国发展的不平衡、不充分最突出的体现在农村，表现为城乡差距大。因此，"产业兴旺"是乡村振兴的核心。在促进工业化、信息化、城镇化、农业现代化同步发展的过程中，农业现代化是明显的短板。如果没有农业现代化，"四化"就是不完整的，其他"三化"建设也会受到制约和拖累。实施乡村振兴战略，核心是要继续大力推进农业现代化，尽快补齐"四化"短板，全面实现乡村产业振兴。

实现共同富裕是乡村振兴的使命。目前，浙江省已构建起共同富裕示范区建设的"四梁八柱"，特别是提出要高质量创建乡村振兴示范省，为全国实现农业高质高效、乡村宜居宜业、农民富裕富足提供浙江经验，这是令人振奋的事情。乡村振兴与共同富裕任重道远，而浙江成为高质量发展建设共同富裕示范区，是党和国家对浙江的信任，也是浙江人的荣幸。我们要"敢为人先"，积极探索，大胆试验。全面推进乡村振兴，走向共同富裕，这是我们共同的目标、历史责任和时代担当！

俞则忠

2022 年 5 月 1 日

目 录

第一章　共同富裕与乡村振兴的历史必然性　　　　　　　1

　　一、共同富裕与乡村振兴的客观性　　　　　　　　3

　　二、共同富裕与乡村振兴的必然性　　　　　　　　7

　　三、共同富裕与乡村振兴的历史性　　　　　　　　11

第二章　共同富裕与乡村振兴的内在逻辑性　　　　　　21

　　一、共同富裕与乡村振兴的一致性　　　　　　　　23

　　二、共同富裕与乡村振兴的共振性　　　　　　　　27

　　三、共同富裕与乡村振兴的逻辑性　　　　　　　　30

第三章　共同富裕与乡村振兴的艰难性　　　　　　　　35

　　一、共同富裕与乡村振兴的难点　　　　　　　　　37

　　二、共同富裕与乡村振兴的痛点　　　　　　　　　40

　　三、共同富裕与乡村振兴的挑战　　　　　　　　　46

第四章　共同富裕与乡村振兴的规定性　　　　　　　　53

　　一、共同富裕是建设社会主义新农村的必由之路　55

　　二、共同富裕是建设社会主义新农村的本质特征　63

　　三、共同富裕是建设社会主义新农村的根本要求　70

第五章　共同富裕与乡村振兴的规律性　　　　　　　　75

　　一、共同富裕与乡村振兴的变革发展规律　　　　　77

　　　　二、共同富裕与乡村振兴的生态发展规律　　　　84

　　　　三、共同富裕与乡村振兴的共享发展规律　　　　90

第六章　共同富裕与乡村振兴的任务　　　　97

　　　　一、共同富裕与农业产业化高质量发展　　　　99

　　　　二、共同富裕与新农村、美丽乡村建设　　　　101

　　　　三、共同富裕与乡村振兴政策法规保障　　　　102

第七章　共同富裕是乡村振兴的历史使命　　　　107

　　　　一、共同富裕是乡村振兴的终极目标　　　　109

　　　　二、共同富裕是乡村振兴的数字化发展动力　　　　112

　　　　三、共同富裕是乡村振兴的历史使命　　　　115

第八章　共同富裕是乡村振兴的时代使命　　　　123

　　　　一、乡村振兴是共同富裕的必然选择　　　　125

　　　　二、乡村振兴是共同富裕的当代路径　　　　129

　　　　三、共同富裕是乡村振兴的时代使命　　　　133

第九章　共同富裕是中华民族伟大复兴的使命　　　　137

　　　　一、共同富裕是改革开放的新征程　　　　139

　　　　二、共同富裕是中国共产党的初心使命　　　　145

　　　　三、共同富裕是中华民族伟大复兴的使命　　　　148

第十章　实现共同富裕与乡村振兴中企业的使命　　　　153

　　　　一、实现共同富裕与乡村振兴是企业使命　　　　155

　　　　二、实现共同富裕与乡村振兴中民营企业的担当　　　　161

　　　　三、实现共同富裕与乡村振兴中企业家的使命　　　　166

参考文献　　　　177

后　记　　　　181

Chapter 1

共同富裕与乡村振兴的历史必然性

2021 年，我国历史性地解决了绝对贫困问题，这是当代中国的一个伟大历史事件，也标志着我国将从全面小康迈向共同富裕的更加伟大时代。从世界银行划分的标准来看，我国已经成为中等偏上的中高收入国家，到 2035 年将会成为中等发达国家，到 21 世纪中叶完全成为"富裕"经济体。我国正在实施"十四五"规划和 2035 年远景目标，展望 2035 年，我国将基本实现社会主义现代化。这对于推动共同富裕和乡村振兴有着更加深远历史意义与重大现实意义。

一、共同富裕与乡村振兴的客观性

共同富裕与乡村振兴反映社会发展的客观要求。从经济发展的维度分析来看，共同富裕不仅要求整体经济发展达到一个较高水平，而且还要求不同群体间的差距得到合理控制与缩小，这反映了共同富裕与乡村振兴的客观性和现实性。从我国的情况来看，"总体富裕"通过全国人民的奋斗是可以实现的，但更重要的是"共同富裕"，这反映了我国社会主义本质要求，符合社会发展的客观规律性。

（一）从共同富裕与实施乡村振兴的客观要求来看

2017 年，党的十九大报告首次提出"实施乡村振兴战略"。2018 年，中共中央、国务院发布《关于实施乡村振兴战略的意见》，对乡村振兴战略进行了全面布局；同年 9 月，中共中央、国务院印发第一个乡村振兴五年规划《乡村振兴战略规划（2018—2022）》。2019 年到 2022 年的中央一号文件与"十四五"规划中均多次提及乡村振兴的问题。从中共中央、国务院《乡村振兴战略规划

（2018—2022）》和"十四五"规划及有关文件来看，我国乡村振兴的主要内容有：一是提出到2035年，乡村振兴要取得决定性进展，农业农村现代化要基本实现；二是提出到2050年，乡村要全面振兴，农业强、农村美、农民富全面实现；三是强调我国实现共同富裕要分"两步走"的远景目标，乡村振兴和共同富裕的政策内涵是统一的。具体也可表述为：把国家粮食安全保障好；把脱贫攻坚成果巩固好；把富民乡村产业发展好；把乡村的硬件软件建设好。"民族要复兴，乡村要振兴"是当今社会发展的方向，在全面建成小康社会之后，共同富裕的核心在农村。而实施乡村振兴战略是我国在新发展阶段缩小城乡差距，促进城乡人民共同富裕的重要举措。

乡村振兴对农村、农业、农民发展将起积极的推动作用。党的十九大报告明确提出，在未来30年时间里，我国要为实现全体人民共同富裕的目标而奋斗。在这样一个大背景下，我们深感实施乡村振兴、缩小城乡差距对于促进城乡人民共同富裕的责任极其重大。实施乡村振兴就是要缩小城乡差别，应对我国迅速城镇化背后的农村"空心化"与"老龄化"的反差现象。乡村振兴既是加速我国农村结构转型的契机，也是推进巩固脱贫攻坚成果、实现稳定脱贫的长效机制，更是实现共同富裕的客观要求。

乡村振兴是实现共同富裕的不同发展阶段。实现共同富裕是一个长期的目标与艰巨的发展过程，必然会面临不同的发展形势，经历不同的发展阶段。因此，共同富裕与乡村振兴的侧重点、实现路径等方面是有差异的，共同富裕与乡村振兴是战略和战役的关系。比如说，共同富裕不是"同时富裕、同步富裕、同等富裕"，不是"平均主义"，而是"要允许一部分地区、一部分企业、一部分工人农民，由于辛勤努力成绩大而收入先多一些，生活先好起来"，通过一部分人生活先好起来产生极大的示范力量，"带动其他地区、其他单位的人们向他们学习"。其关键就在于先富如何带动后富。例如，通过全国发达地区（富裕地区）

与欠发达地区（贫困地区）之间的区域协调发展，实现"先富带动后富"。又如，通过东西部扶贫协作、对口支援等方式开展脱贫攻坚任务，扶贫就是最直接的"带动后富"。

乡村振兴是促进共同富裕的客观要求。我国已实现消除绝对贫困的艰巨任务，但要解决发展不平衡问题、缩小城乡区域发展差距、实现人的全面发展和全体人民共同富裕仍然任重道远。共同富裕是社会主义的本质要求，是中国共产党的初心和使命，也是中国全面开启社会主义现代化国家建设新征程治国理政的基本方略。实现共同富裕，必须围绕解决好发展的不平衡不充分问题，既要更加充分地解放和发展生产力，也要更有效更直接地回应人民群众的关切、满足人民对美好生活的需要，使全体人民在中国特色社会主义制度保障下共创日益发达、领先世界的生产力水平，共享幸福美好的生活。从经济维度来看，共同富裕不仅要求整体经济发展达到一个较高水平，还要求不同群体间的差距得到合理控制与缩小。实现高质量乡村振兴，缓解我国城乡发展不平衡问题，对我国中长期扎实推进共同富裕具有重要作用。

（二）从共同富裕与改善农村"硬件"和"软件"的客观条件来看

共同富裕不仅体现在经济收入的维度上，还应该体现在城乡基础设施、公共服务、民生事业等方面发展差距的缩小上。要实现共同富裕的目标，仅靠农业现代化是不够的，农业农村现代化是迈向共同富裕的客观要求。我国农村生产配套条件相对落后，在这种情况下，实施乡村振兴不仅需要市场，还需要农村内部具有可靠的配套生产条件，简单说就是需要"硬件"和"软件"保障。目前农村生产性基础设施的"硬件"相对落后，生产"软件"也逐步缺失，如技术人才流出、人口老龄化等，给共同富裕与乡村振兴带来许多实际困难，具体表现如下。第一，生产性基础设施"硬件"仍需加强。生产性基础设施落后会使生产能力受到限制。以新型基础设施互联网为例，截至2022年12月，农村地区互联网普及率为 61.9%，比城镇地区低 21.2%。虽然近年来农村生产性基础设施投入的绝对值增加迅速，但是相对比例仍然需要进一步提高，而且已投入的生产性基础设施还存在质量低、维护成本高、使用效率低的问题。第二，人力资本"软件"不足，农村社会生产发展所需要的"软件"极为缺乏。第三次全国农业普查的数据显示，农业生产经营人员中，35 岁以下的人员只有 19.2%，55 岁以上的为 33.6%；而且从事农业经营人员的学历普遍偏低，其中，初中及以下学历的比例超过了 90%，大专及以上的比例只有 1.2%。可见，农村"劳力"和"脑力"两项人力资本都存在不足，这也成为农村"空心化"的表象。农村人力资本流失对农业技术的传播、培训都会造成不利影响，不利于农业经济和农村地区的发展。第三，缺乏完整的产业融合体系，没有一个完整的产业体系、生产体系和经营体系。第三次全国农业普查的数据显示，我国种植业占比超过 90%，其他农业经营占比不足 8%，而且农业生产体系仍然以小农经营为主，规模化经营农户人员仅占 1.9%；在经营方面，农村生产的农作物、农产品缺乏和消费市场对接的经营模式，有电子商务配送的村落占比只有 25.1%。我国农业发展缺乏一套完整的产业、生产和经营体系，农村农产品的供给难以直接对接市场，还有产业规模小、链条比较短、品牌比较杂等问题，农产品附加值相对较低，带动的劳动力就业规模十分有限。因此，要实现农业农村现代化就要打造一套产业融合的农村生产经营体系，其中改善农村生产配套条件是一项极其重要的基础性工作。

（三）从共同富裕与解决农村民生保障短板的客观基础来看

我国农村民生保障存在短板是一个客观的现实问题。农村与城市相比来看，政府对农村基本公共服务的有效供给明显不足，民生领域的短板直接对农村留住人产生负面影响，也对乡村可持续发展与城乡居民共同富裕造成障碍，具体表现如下：第一，生活性基础设施供给不足。近年来，农村基本公共服务的供给数量不断提高，但是从某些指标来看，生活性基础设施的供给仍然存在不足。第三次全国农业普查的数据显示，全国仍有 3.5% 的乡镇、西部仍有 6% 的乡镇没有幼儿园、托儿所；全国 8.7% 的乡镇仍然没有实现集中或部分集中供水，饮用经过净化处理自来水的农户比例只有 47.7%。从人的发展角度来说，教育、卫生等发展环境对人力资本的前期积累会产生重要影响，如果农村这些基本公共服务做不到和城市的均等化，那么城乡之间将会长期形成"机会不平等"的现象，也在无形之中给城乡实现共同富裕增加阻力。第二，社会保障安全网仍需完善。农村的社会保障功能仍然存在着缺位。虽然新型农村养老保险（简称"新农合"）和新型农村合作医疗（简称"新农保"）的实施为农村居民提供了一些基本的社会保障，但是给付水平太低，保障水平十分有限。根据中国家庭收入调查数据（CHIP），2018 年参加"新农合"的农村居民平均每年缴纳医疗保险 163 元，平均每年医疗报销仅为 204 元；参加"新农保"的农村居民平均每年缴纳养老保险 157 元，领取"新农保"的老人平均养老金仅为 294 元。因为给付水平太低，农村基本医疗和养老保障的力度难以达到构造"社会安全网"的级别。农村的养老保险占 GDP 的比重只有 0.124%，而城市则达到 3.38%，比农村高出 26 倍。由此可以看出，长期以来农村发展落后于城市，农业经济发展落后非农经济，农民收入低于城市居民的现状并没有明显变化，这主要是因为城乡要素市场交换的壁垒没有打破，农村的生产能力较为薄弱，以及农村生活条件落后。这是我国实施乡村振兴战略不得不改革的问题，也是实现共同富裕不得不解决的重要问题。

二、共同富裕与乡村振兴的必然性

实施乡村振兴战略是促进区域均衡发展、城乡融合发展、建设新型城乡工农关系的关键。乡村振兴战略保障亿万农民的权益和福祉，促进农业农村现代化，缩小城乡差距，持续促进农民增收，推进共同富裕迈出坚实步伐，不仅关系发展的正义性，更关系现代化建设的质量。推动乡村振兴，促进农民共同富裕，是扩大中等收入群体规模，促进社会结构优化，服务"双循环"发展格局的关键所在。从一定意义上来说，乡村振兴是实现共同富裕的必然要求。

（一）从共同富裕与建成小康社会的必然性来看

全面建成小康社会和实现共同富裕，都是我国社会主义现代化发展战略的重要目标和具体任务。或者说，全面建成小康社会与实现共同富裕两者是互为因果的，即全面建成小康社会是实现共同富裕的必要准备，实现共同富裕是全面建成小康社会的必然趋向。小康社会是社会主义现代化的具体实践，共同富裕是社会主义物质文明、政治文明、精神文明协调发展的产物，实现小康社会和共同富裕这两个目标的关键都在于坚持以经济建设为中心，把发展作为第一要务，不断促进我国社会的全面进步。

走共同富裕的道路是中国特色社会主义的根本要求。党的十八大报告提出"两个同步"和"两个提高"，即努力实现居民收入增长和经济发展同步、劳动报酬增长和劳动生产率提高同步，实现居民收入在国民收入分配中比重的提高、劳动报酬在初次分配中比重的提高，强调初次分配和再分配都要兼顾效率和公平，再分配更加注重公平，着力解决收入分配差距较大问题，使发展成果更多、更公平惠及全体人民。这意味着我们党带领全国人民在全面建成小康社会的征程中，更加注重共同富裕。以共同富裕为发展主题是中国经济发展的必然要求，全面建成小康社会的目标寓于共同富裕的实现过程之中，围绕全面建成小康社会而制定的一系列治国方略体现了共同富裕的原则，"社会主义和谐社会"的构建是共同富裕的要求。

（二）从共同富裕与巩固拓展脱贫攻坚成果的必然性来看

巩固拓展脱贫攻坚成果同乡村振兴有效衔接，既体现"十四五"时期"三农"工作的重大任务，也体现全面推进乡村振兴与推动共同富裕的使命和担当。因此，要保持奋进姿态和作风，不断提升巩固拓展脱贫攻坚成果的质量和水平；要全面落实好保障脱贫群众义务教育、基本医疗、住房安全和饮水安全等各项政策措施；要全面抓好防返贫动态监测帮扶，加强防贫机构建设，完善快速发现和响应机制；要全面抓好开发式帮扶工作，进一步做大做强脱贫地区特色产业、优势产业、主导产业，不断增强脱贫地区发展能力，促进脱贫群众持续多元化增收。农村是推动实现共同富裕的重要战场，扭住产业发展、健全管理机制、压实各方责任、强化保障措施，巩固拓展脱贫攻坚成果不断取得新成效，让农业更强、农村更美、农民更富，推动全体人民朝着共同富裕目标扎实迈进。

推进城乡要素跨界配置和产业有机融合，深化业态相加和功能互补，贯通产加销、融合农文旅，拓展农民增收空间，打造农业与旅游、文化、教育、康养等深度融合的体系，有效实现一二三产业互通融合发展。特别是要健全管理机制，构建精准治理体系，推动乡村治理模式转变；强化社会保障兜底，统筹最低生活保障、教育救助、医疗救助、临时救助等措施，完善社会保障体系；补齐基础设施短板，实施乡村建设行动，全面改善农村村容村貌，加快推进美丽宜居乡村建设，让村容村貌靓起来、生态环境美起来、富裕情感彰显出来。

巩固脱贫攻坚成果是为共同富裕"守底线"。脱贫攻坚的全面胜利，标志着我们党在带领全国人民创造美好生活、实现共同富裕的道路上迈出坚实的一步。要聚力乡村振兴，为共同富裕"配引擎"，扎实推动共同富裕，更好满足人民日益增长的美好生活需要。在实现物质层面上共同富裕的同时，还要实现精神层面上共同富裕，这也是一种社会的必然性。要注重促进人民精神生活共同富裕，不断强化社会主义核心价值观的引领作用，加强爱国主义、社会主义教育，发展公共文化事业，完善公共文化服务体系，不断满足人民群众多样化、多层次、多方面的精神文化需求。

（三）从共同富裕与提高农业农村现代化水平的必然性来看

实现共同富裕是人民群众的共同期盼，而乡村振兴是必经之路。乡村振兴不仅要巩固脱贫攻坚成果，而且要以更有力的举措、汇聚更强大的力量加快农业农村现代化步伐。农业农村农民问题是关系国计民生的根本性问题，必须始终把解决好"三农"问题作为全党工作重中之重。党的十九大报告提出实施乡村振兴战略，是立足我国国情农情，适应经济社会发展阶段变化和现代化建设规律的。实施乡村振兴战略具有丰富的理论和实践内涵，是新时代"三农"工作的重要抓手。

实施乡村振兴战略是加快推进农业农村现代化的必然要求。从世界各国现代化建设的一般规律看，实施乡村振兴是现代化建设进程中一个重要历史阶段和一项重大历史任务。农业是国民经济的基础，但随着工业化、城镇化快速深入推进，农业在国民经济中所占份额明显缩小，农村人力资源和物质要素向非农产业和城市大量转移，农民收入增长缓慢，农业农村发展相对滞后，甚至出现农村凋敝和衰落现象，成为一个国家现代化发展的短板。在这种情况下，我国大力推进乡村振兴就成为现代化建设进程中的战略任务和必然要求。

党的十八大以来，我国经济社会发展取得巨大成就，社会生产力总体水平大幅提高，社会生产能力在很多方面进入世界前列，但同时，发展不平衡不充分问题日益突出，尤其是不平衡不充分的发展表现比较突出，农业农村现代化进程相对滞后，城乡差距依然较大，农业还是"四化同步"的短腿，农村还是实现现代化的短板。在这种情况下，实施乡村振兴战略，加快推进农业农村发展，推动全体人民共同富裕是历史的必然。

三、共同富裕与乡村振兴的历史性

实现共同富裕与振兴乡村是社会主义发展历史的必然。社会主义的发展过程是分为不同阶段的，从初级阶段发展到高级阶段。因此，从乡村振兴的初级阶段向共同富裕的高级阶段发展，就体现了发展历史的不同阶段和过程。促进共同富裕，最艰巨最繁重的任务仍然在农村。要实现共同富裕，就要掌握乡村振兴与共同富裕之间的内在联系性和历史性，认识到乡村振兴是实现共同富裕的一个历史进程，只有实现乡村振兴，才能达到共同富裕。

（一）从共同富裕与解决城乡发展不平衡的历史性来看

共同富裕作为社会主义的根本原则，是马克思主义中国化关于社会主义本质的一种最简明表述，是中国人民积极追求的价值和目标。贫穷不是社会主义，意味着共同富裕是中国特色社会主义发展的历史必然选择。改革开放以来，随着区域发展战略以及分配制度改革不断深入开展和完善，我国经济总量不断提高，人民生活水平显著上升，先富地区的模板效应带动了人们的积极性。但是，普遍富裕程度不高，贫富差距不断扩大也成为不争的事实，凸显出一系列的问题。在这种情况下，就要深入研究实践中出现的新情况和新问题。共同富裕的实践进程是在马克思主义与中国具体实际相结合中产生和发展的，为解决当前面临的各种问题，我们要继续深化对共同富裕本质的认识和理解，坚定信念，不忘初心，继续朝着这一目标不断推进。

在市场经济体制下，如何将贫富差距控制在一个合理的、具有激励作用的范围内，是全球各国都没有解决的一个世界性难题，我国在这方面也做过一些积极的探索。改革开放以来，特别是1992年确立社会主义市场经济体制改革目标后，我国既通过保证资本的收益以提高积累和鼓励投资，加快经济发展，又增加人民的流动性收入，将贫富差距控制在一定范围内，以保证内需和社会的安定。进入 21 世纪后，在全面建成小康社会目标下，党和政府更将消除贫困，缩小收入差距，扩大公共产品供给、推进公共产品供给均等化作为实现共同富裕的近期目标。

当下城乡区域发展不平衡和收入分配差距较大，是扎实推动共同富裕必须解决的突出问题。要始终坚持以人民为中心的发展思想，适应新形势新任务要求，探索建立缩小城乡区域发展差距、促进共同富裕的制度与政策体系。例如，积极推动农村"三块地"（承包地、宅基地和集体经营性建设用地）转化为农民可经营、可收益的资本，赋予农民更多财产性权利；以提升小农户的市场化、组织化程度为目标，明确将带动小农户发展、农民增收作为工商企业进入乡村的条件，给予优先准入和政策支持；将与农民建立紧密利益联结机制作为各类新型经营主体享受优惠扶持政策的前提，通过保底收入、股份分红、利润返还、品牌溢价收益等方式，推动建立农民持续增收的长效机制。

共同富裕是有历史阶段性的。从现在到 2025 年，共同富裕要尽可能缩小城乡之间、区域之间的收入差距；到 2035 年，在基本的公共服务方面要让大家有获得感、幸福感、安全感；到 2050 年，要实现共同富裕的基本目标，也就是进入中等发达国家，全体人民共享发展的成果。

推动共同富裕也是为了解决当前和今后时期的相关问题。新时代我国社会主要矛盾是人民日益增长的美好生活需要和不平衡不充分的发展之间的矛盾，中央审时度势地提出，在精准脱贫和全面建成小康社会以后，要瞄准共同富裕这个目标，解决经济社会发展中的不平衡问题、不充分问题。从这个角度讲，共同富裕本身也是为了解决突出矛盾而提出的一个历史性要求。

（二）从共同富裕与加快城乡要素市场化改革的历史性来看

我国全面建成小康社会之后，要实现乡村振兴和共同富裕的目标，就要加快城乡要素市场化的改革进程，这是解决我国城乡二元分割现状的重要出路。

乡村振兴要激活城乡间的主体、要素、市场，就需要破除影响主体积极性、影响要素流动、影响市场形成的制度障碍。例如，切实探索加快户籍制度的改革进程，尤其是降低城市公共服务与户籍制度的绑定程度，实现城乡间人口要素的自由流动；加快农村土地制度的改革步伐，在满足国家粮食安全的前提下，通过顶层设计建立区域间、城乡间建设用地指标增减挂钩的制度，盘活农村的土地资源；加快资本下乡经营管理的改革步伐，在充分保障粮食安全、生态环境等基本原则的基础上，合理利用下乡资本，根据资源禀赋优势，开展多种农业经营模式。加快城乡要素市场改革的步伐，促使城乡要素之间实现自由流动与平等交换，城乡间的发展差距将通过市场自由竞争的力量而逐步缩小，城乡共同富裕的目标就不难实现。

乡村振兴，产业兴旺是重点。农村基础设施落后，数量供给和质量供给都是短板，这些现象和问题不利于农村和农业的现代化。农村人力资本薄弱也不利于乡村振兴的发展后劲。要加大对农村发展所需"硬件"和"软件"的投入，加强集约型村庄基础设施、公共服务的建设，因地制宜，发展各地的优势产业，逐步形成生产、加工、销售、经营一二三产业融合的完整体系，提高农村基础设施的使用效率，提高组织的建设和管理效率。只有这样，才能全方面提振乡村经济，促进乡村和城市共同繁荣。

（三）从共同富裕与落实乡村振兴政策的历史性来看。

促进共同富裕最艰巨最繁重的任务仍然在农村，而要促进农民农村共同富裕，就要全面制定推进乡村振兴的政策，这是一个政策演进的历史过程。我们对党和国家在1982年至1986年、2004年至2023年出台的中央一号文件中有关共同富裕与乡村振兴的政策进行梳理，这样可以看到我国提出共同富裕与乡村振兴政策的基本脉络和发展过程，提高对这个战略问题的认识。

——1982年，正式提出承认包产到户合法性。文件提出包产到户、到组，包干到户、到组，都是社会主义集体经济的生产责任制，明确它不同于合作化以前的小私有的个体经济，而是社会主义农业经济的组成部分。第一次以中央的名义取消了包产到户的禁区，且宣布长期不变。还强调尊重群众的选择，不同地区，不同条件，允许群众自由选择。

——1983 年，提出放活农村工商业。文件从理论上说明家庭联产承包责任制是在党的领导下中国农民的伟大创造，是马克思主义农业合作化理论在我国实践中的新发展。提出"两个转化"，即促进农业从自给半自给经济向较大规模的商品生产转化，从传统农业向现代农业转化。

——1984 年，提出发展农村商品生产。文件明确了当年的工作重点，要在稳定和完善生产责任制的基础上，提高生产力水平，梳理流通渠道，发展商品生产。文件提出，延长土地承包期，土地承包期一般应在十五年以上，并允许有偿转让土地使用权；鼓励农民向各种企业投资入股；继续减少统派购的品种和数量；允许务工、经商、办服务业的农民自理口粮到集镇落户。

——1985 年，提出取消统购统销。文件指出，在打破集体经济中的"大锅饭"之后，要进一步改革农村经济管理体制，在国家计划指导下，扩大市场调节，进一步把农村经济搞活。文件明确提出，从当年起，除个别品种外，国家不再向农民下达农产品统购派购任务，按照不同情况，分别实行合同定购和市场收购，30 年来的农副产品统购统销制度就此取消。

——1986 年，提出增加农业投入，调整工农城乡关系。文件明确指出，我国是十亿人口、八亿农民的大国，绝不能由于农业情况有了好转就放松农业，也不能因为农业基础建设周期长、见效慢而忽视对农业的投资，更不能因为农业占国民经济产值的比重逐步下降而否定农业的基础地位。

——2004 年，提出促进农民增加收入。文件指出，要坚持"多予、少取、放活"的方针，调整农业结构，扩大农民就业，加快科技进步，深化农村改革，增加农业投入，强化对农业支持保护，力争实现农民收入较快增长，尽快扭转城乡居民收入差距不断扩大的趋势。

——2005年，提出提高农业综合生产能力。文件指出，当前和今后一个时期，要把加强农业基础设施建设，加快农业科技进步，提高农业综合生产能力，作为一项重大而紧迫的战略任务，切实抓紧抓好。同时强调，要以严格保护耕地为基础，以加强农田水利建设为重点，以推进科技进步为支撑，以健全服务体系为保障，力争经过几年的努力，使农业的物质技术条件明显改善，土地产出率和劳动生产率明显提高，农业综合效益和竞争力明显增强。

——2006年，提出社会主义新农村建设。文件指出，建设社会主义新农村是中国现代化进程中的重大历史任务，农村人口多是中国的国情，只有发展好农村经济，建设好农民的家园，让农民过上宽裕的生活，才能保障全体人民共享经济社会发展成果，才能不断扩大内需和促进国民经济持续发展。

——2007年，提出积极发展现代农业。文件提出要用现代物质条件装备农业，用现代科学技术改造农业，用现代产业体系提升农业，用现代经营形式推进农业，用现代发展理念引领农业，用培养新型农民发展农业，提高农业水利化、机械化和信息化水平，提高土地产出率、资源利用率和农业劳动生产率，提高农业素质、效益和竞争力。

——2008年，提出加强农业基础建设，加大"三农"投入。文件涉及的政策性要求和措施有40多处，其中让农业和农民直接受惠的可以概括为"三个明显""三个调整""四个增加""四个提高""两个大幅度"，体现了中央关于给农民的实惠要逐步增加，随着国家财力的增长对"三农"的支持力度要进一步加大的要求。

——2009年，提出促进农业稳定发展、农民持续增收。文件呈现四大新亮点：一是再度加大农民种粮支持力度；二是加大力度解决农民工就业问题；三是将农村民生建设重点投向农村电网建设、乡村道路建设、农村饮水安全工程建设、农村沼气建设、农村危房改造等五个领域；四是强调进一步规范农地流转。文件首先强调要落实和保障农民的土地权益，重点做好两方面工作：对集体所有土地的所有权进一步界定清楚，并且保障其权益；对承包地地块的确权、登记和颁证工作。

——2010 年，提出在统筹城乡发展中加大强农惠农力度。文件在保持政策连续性、稳定性的基础上，进一步完善、强化"三农"工作的好政策，提出了一系列新的重大原则和措施，包括健全强农惠农政策体系，推动资源要素向农村配置；提高现代农业装备水平，促进农业发展方式转变；加快改善农村民生，缩小城乡公共事业发展差距；协调推进城乡改革，增强农业农村发展活力；加强农村基层组织建设，巩固党在农村的执政基础；等等。文件特别强调推进城镇化发展的制度创新，提出积极稳妥推进城镇化，提高城镇规划水平和发展质量，要把加强中小城市和小城镇发展作为重点；深化户籍制度改革，加快落实放宽中小城市、小城镇特别是县城和中心镇落户条件的政策，促进符合条件的农业转移人口在城镇落户并享有与当地城镇居民同等的权益。

——2011 年，提出加快水利改革发展。这是新中国成立 62 年来中央文件首次对水利工作进行全面部署。文件提出要把水利工作摆上党和国家事业发展更加突出的位置，着力加快农田水利建设，推动水利实现跨越式发展，力争通过 5 年到 10 年努力，从根本上扭转水利建设明显滞后的局面。

——2012 年，提出加快推进农业科技创新。文件突出强调部署农业科技创新，把推进农业科技创新作为"三农"工作的重点。以中央一号文件的形式统一全党意志大力推进农业科技改革发展，这在我国农业发展历程中是首次，在科技发展进程中也是首次，有许多创新之处。其中最受广大农业科研和农技推广人员欢迎的政策有两个：一个是关于农业科技公共性、基础性、社会性的"三性"论述，给广大农业科技人员吃下了定心丸；另一个是关于基层农技推广体系改革与建设"一个衔接、两个覆盖"的政策，即乡镇农技人员工资待遇要与当地事业单位的平均收入相衔接，当年基层农技推广体系改革与建设示范县项目基本覆盖所有农业县，农业技术推广机构条件建设项目覆盖全部乡镇。

——2013年，提出进一步增强农村发展活力。文件对加快发展现代农业、进一步增强农村发展活力作出全面部署，要求必须顺应阶段变化，遵循发展规律，增强忧患意识，举全党全国之力持之以恒强化农业、惠及农村、富裕农民，按照保供增收惠民生、改革创新添活力的工作目标，加大农村改革力度、政策扶持力度、科技驱动力度。

——2014年，提出全面深化农村改革。文件指出，全面深化农村改革，要坚持社会主义市场经济改革方向，处理好政府和市场的关系，激发农村经济社会活力；要鼓励探索创新，在明确底线的前提下，支持地方先行先试，尊重农民群众实践创造；要因地制宜、循序渐进，不搞"一刀切"、不追求一步到位，允许采取差异性、过渡性的制度和政策安排；要统筹城乡联动，赋予农民更多财产权利，推进城乡要素平等交换和公共资源均衡配置，让农民平等参与现代化进程、共同分享现代化成果。

——2015年，提出认识新常态，适应新常态，引领新常态。文件深入分析了当前我国农业面临的矛盾和问题，说明了依靠拼资源、拼消耗的传统农业发展方式已难以为继。提出要主动适应经济发展新常态，按照稳粮增收、提质增效、创新驱动的总要求，继续全面深化农村改革，全面推进农村法治建设，推动新型工业化、信息化、城镇化和农业现代化同步发展，努力在提高粮食生产能力上挖掘新潜力，在优化农业结构上开辟新途径，在转变农业发展方式上寻求新突破，在促进农民增收上获得新成效，在建设新农村上迈出新步伐，为经济社会持续健康发展提供有力支撑。

——2016 年，提出用发展新理念破解"三农"新难题。文件要求各地区各部门要牢固树立和深入贯彻落实创新、协调、绿色、开放、共享的发展理念，大力推进农业现代化，确保亿万农民与全国人民一道迈入全面小康社会。文件提出厚植农业农村发展优势，加大创新驱动力度，推进农业供给侧结构性改革，加快转变农业发展方式，保持农业稳定发展和农民持续增收。

——2017 年，提出深入推进农业供给侧结构性改革。文件明确指出，要把深入推进农业供给侧结构性改革作为当前和今后一个时期"三农"工作的主线。文件认为农业的主要矛盾由总量不足转变为结构性矛盾，突出表现为阶段性供过于求和供给不足并存，矛盾的主要方面在供给侧，迫切要求深入推进农业供给侧结构性改革，加快培育农业农村发展新动能。文件指出，推进农业供给侧结构性改革，要在确保国家粮食安全的基础上，紧紧围绕市场需求变化，以增加农民收入、保障有效供给为主要目标，以提高农业供给质量为主攻方向，以体制改革和机制创新为根本途径。

——2018 年，提出对乡村振兴进行战略部署。文件围绕实施好乡村振兴战略谋划了一系列重大举措，确立起乡村振兴战略的"四梁八柱"，是实施乡村振兴战略的顶层设计。文件有两个重要特点：一是管全面。文件按照党的十九大提出的关于乡村振兴的总要求，对统筹推进农村经济、政治、文化、社会、生态文明和党的建设，都作出了全面部署。二是管长远。文件按照党的十九大提出的决胜全面建成小康社会、分两个阶段实现第二个百年奋斗目标的战略安排，按照"远粗近细"的原则，对实施乡村振兴战略的三个阶段性目标任务作出了部署。

——2019 年，提出优先发展做好"三农"工作。文件提出，聚力精准施策，决战决胜脱贫攻坚；夯实农业基础，保障重要农产品有效供给；扎实推进乡村建设，加快补齐农村人居环境和公共服务短板；发展壮大乡村产业，拓宽农民增收渠道；全面深化农村改革，激发乡村发展活力；完善乡村治理机制，保持农村社会和谐稳定；发挥农村党支部战斗堡垒作用，全面加强农村基层组织建设；加强党对"三农"工作的领导，落实农业农村优先发展总方针。

——2020 年，提出如期实现全面小康。文件对"三农"工作作出了全面部署，聚焦两大任务、两个抓好、两个确保。两大任务：打赢脱贫攻坚战，补上全面小康"三农"领域突出短板。两个抓好：抓好农业稳产保供，抓好农民增收。两个确保：确保脱贫攻坚战圆满收官，确保农村同步全面建成小康社会。

——2021 年，提出全面推进乡村振兴，加快农业农村现代化。文件提出了四项政策助力实现巩固拓展脱贫攻坚成果同乡村振兴有效衔接，七个方面促农业现代化，八大措施强建设，五项举措强领导。

——2022 年，提出推动乡村振兴取得新进展。文件指出，牢牢守住保障国家粮食安全和不发生规模性返贫两条底线，突出年度性任务、针对性举措、实效性导向，充分发挥农村基层党组织领导作用，扎实有序做好乡村发展、乡村建设、乡村治理重点工作，推动乡村振兴取得新进展、农业农村现代化迈出新步伐。

——2023 年，提出全面推进乡村振兴重点工作的意见。文件提出，抓紧抓好粮食和重要农产品稳产保供，加强农业基础设施建设，强化农业科技和装备支撑，巩固拓展脱贫攻坚成果，推动乡村产业高质量发展，拓宽农民增收致富渠道，扎实推进宜居宜业和美乡村建设，健全党组织领导的乡村治理体系，强化政策保障和体制机制创新。

要共同富裕，就要乡村振兴，如此才能实现民族复兴，而要解决好"三农"问题，政策是关键。在党和国家高度关注"三农"问题与乡村振兴的背景下，各地政府也结合当地的实际情况先后采取了各项措施，出台了一些细则，让政策发挥出最大的价值。一是认真领会上级政策和会议精神，读懂政策的意义和价值，摸透政策的重点和难点。二是因地制宜，灵活应用政策，制定自己的"特色政策"，依靠政策保障和推进当地的特色产业，依赖政策创新驱动新产业。三是干部当好"政策的践行者"，让政策在乡村振兴的蓝图中"活"起来，使共同富裕与落实乡村振兴政策历史画卷成为一道亮丽的风景线。

在实现中华民族伟大复兴的新征程上，我们必须要坚定理想信念，不忘初心、牢记使命。坚定成功的信念是激励我们脚踏实地、勇往直前的法宝，在全面推进乡村振兴、加快农业农村现代化的历史进程中，人民对美好生活的向往就是我们的精神指引、精神源泉。全国各地广大乡村干部要做好两个方面的工作：一是要加强理论学习，加强党史学习，用党的光荣传统和优良作风坚定信念，凝聚力量；二是要将信念的种子播撒到乡村振兴的大地上，成为信念的传递者，让政策家喻户晓，让广大农民群众做好共同富裕的建设者。人民有信仰，脚下才有路。走好乡村振兴路，农民要满怀信心，脚下有力量，用信念筑牢乡村振兴之路。这就是共同富裕与乡村振兴的使命和担当的历史写照！

Chapter 2

共同富裕与乡村振兴的内在逻辑性

深入观察和分析研究世界各国的发展目标，可以看到共同富裕与乡村振兴有着内在的逻辑关系，尤其是欧美发达国家、日本、韩国等国家的乡村现代化发展都采取了先实现城镇化再推动乡村复兴的道路。我国脱贫攻坚已经取得伟大成就，为共同富裕奠定了坚实的基础，但要实现巩固拓展脱贫攻坚成果同乡村振兴有效衔接，推进高质量乡村振兴，大力促进共同富裕与乡村振兴仍然任重道远。

在城市反哺乡村的过程中，虽然乡村具备与城市相当的基础设施和公共服务，但乡村"空心化"、老龄化现象依旧严重，实现的仅仅是乡村的发达，离乡村的全面振兴依然存在差距。实现农业、农村、农民的现代化是世界现代化进程中始终没有真正完成的事业。我国以高质量乡村振兴为抓手，在城镇化的发展过程中把"三农"工作作为治国理政的重中之重，以农业农村优先发展破题农业农村农民现代化，这是人类社会现代化发展史上前所未有的深刻探索。我国的农业农村现代化道路，通过实现城市与乡村各美其美、美美与共、相互尊重、融合发展，必将打破"乡村衰落"的现代化魔咒，实现"农业强、农村美、农民富"的全面振兴，共同筑起乡村现代化的世界体系。我们积极探索共同富裕与乡村振兴的内在逻辑性，具有重大的理论意义和实践意义。

一、共同富裕与乡村振兴的一致性

共同富裕与乡村振兴在本质上是一致的。我国改革开放走出的中国特色社会主义道路，从本质上就是以先富带动后富，最终实现共同富裕。对于中国来说，要想实现共同富裕，面临的最大问题就是城乡发展的不平衡。我国以高质量乡村振兴破题共同富裕，以此实现所有人充分的物质和精神自由，这是马克思主义中国化的最新成果。在世界百年未有之大变局中，许多西方资本主义国家陷入持续衰落、冲突不断的社会矛盾中，而中国人民在中国共产党的带领下走上了高质量乡村发展道路，这与我们国家提出实现共同富裕目标是完全一致的。

（一）从共同富裕与乡村振兴的含义来看

共同富裕并不是一个新命题，马克思主义经典作家早就有所论述。马克思、恩格斯认为，共同富裕的思想内涵有三个方面：一是生产力高度发达是实现共同富裕的首要条件；二是消灭私有制、建立社会主义公有制是共同富裕的制度保障；三是共同富裕的实现是漫长的动态进程，"所有人的富裕"是共同富裕的终极目标，是一种渐进式发展的共同富裕。

从共同富裕与乡村振兴的含义来看，就是打赢脱贫攻坚战，实施乡村振兴战略，通过解决发展不平衡不充分问题，增进人民福祉，促进人的全面发展，稳步迈向共同富裕。打赢脱贫攻坚战实现了消除农村绝对贫困人口的目标，有力促进了全体人民共享改革发展成果、促进共同富裕。从全国范围来看，当绝对贫困问题已经解决，发展不平衡不充分问题更加凸显之后，乡村振兴战略的基本出发点便向实现共同富裕的伟大目标转变。我国乡村振兴战略的逻辑起点是解决劳动力短缺、市场萎缩、经济发展缓慢给乡村可持续发展带来的诸多挑战，这些清晰反映乡村发展滞后的表象，探索和揭示了乡村振兴战略现实路径的基础。例如，20世纪80年代，家庭联产承包责任制在全国推开，激发了亿万农民的积极性，广阔乡村生机勃勃。随着城镇化进程加快，乡村"一产弱、二产虚、三产缺"的状况凸显，虽然国家出台了一系列惠农政策，但是我国农业现代化由于先天不足，"造血"功能十分薄弱，城市反哺农村才刚刚起步。这些实际问题就是我国目前农村的现状。

　　我国以乡村振兴推进共同富裕，为构建人类命运共同体奠定实践和理论基础。农村和城市共同体的建设是人类命运共同体的重要组成部分，是建成人类命运共同体的基础。我国拥有广大的农村地区以及相当数量的农村人口，到21世纪中叶当我国这个发展中大国实现共同富裕，形成以工促农、以城带乡、工农互惠、城乡一体的新型工农城乡关系的时候，就意味着世界范围内最大的城市乡村共同体的成功构建，这将带动全人类早日进入人类命运共同体的理想境界。

（二）从共同富裕与乡村振兴的不同阶段来看

　　实现共同富裕是一个长期和艰巨的发展过程，在实现这一目标的过程中，必然会面临不同的发展形势，经历不同的发展阶段。分析我国发展不平衡不充分问题，具有不同的阶段和内容，尤其在乡村表现更为突出。第一，从城乡二元壁垒来看。20世纪50年代，我国向苏联学习，形成了城乡二元体制，国有土地与集体土地二元制、产品"剪刀差"、农业基础工业重点、户口城乡有别、工农差距明显是城乡二元体制的具体表现。改革开放以后，我国城乡关系得到了很大的改善，但城乡二元结构并没有从根本上改变。第二，从城镇化情况来看。资本和劳动力是城镇化的基本条件。国家统计局有关数据显示，2017年城镇固定资产投资631683.96亿元，占全社会固定资产投资总额641238.39亿元的98.51%；而农村固定资产投资9554.43亿元，仅占1.49%。2018年全年全社会固定资产投资（不含农户）635636亿元，其中第一产业投资22413亿元，仅占3.53%，第二产业投资237899亿元、第三产业投资375324亿元，分别占37.42%、59.05%。大量资金投入不仅推动城市经济快速发展，基础设施、公共设施日新月异，而且提供了大量就业岗位，吸引大量农民工进城，使得农村"空心化"。第三，从脱贫攻坚与乡村振兴来看。脱贫攻坚与乡村振兴是我国为实现"两个一百年"奋斗目标而作出的重要战略部署，前者立足于实现第一个百年奋斗目标，后者着眼于实现第二个百年奋斗目标，两者与迈向共同富裕的内在逻辑发展是一致的。

脱贫攻坚与乡村振兴共同承载了促进社会公平正义和缩小区域、群体、城乡发展差距的使命，是让改革发展成果更多更公平惠及全体人民的重大战略举措，两者本质上最终都是为了实现共同富裕的目标。而从脱贫攻坚到乡村振兴是迈向共同富裕的关键步骤，脱贫攻坚是乡村振兴的先决前提，乡村振兴是巩固脱贫攻坚成果的力量保障。作为脱贫攻坚的接续战略，在脱贫攻坚取得胜利后全面推进乡村振兴，是"三农"工作重心的历史性转移。

由此看来，在不同阶段，共同富裕的内容是有所不同的。例如，解决体制壁垒，加快城镇化，缩小收入差距，解决乡村发展不平衡不充分的问题。但其本质上是一致的，就是始终围绕着共同富裕的目标进行奋斗。由于各地发展程度的差异性和阶段性，乡村振兴目标的复杂性和艰巨性，以及共同富裕内涵的理想性和丰富性，我们深入认识乡村振兴与共同富裕的逻辑关联有助于规避实践的偏差以及推动实践的创新。

（三）从共同富裕与乡村振兴的本质来看

共同富裕是社会主义的本质要求，是中国共产党的初心和使命，也是我国全面开启社会主义现代化国家建设新征程的奋斗目标。要实现共同富裕，必须解决好发展不平衡不充分问题，既要充分地解放和发展生产力，也要更有效和更直接地回应人民群众的关切，满足人民对美好生活的需要。从经济学的维度来看，共同富裕不仅要求整体经济发展达到一个较高水平，还要求不同群体间的差距得到合理控制与缩小。而实现高质量乡村振兴对于缓解我国城乡发展不平衡问题，中长期扎实推进共同富裕具有重要作用。同时，共同富裕不仅体现在经济收入方面，还体现在城乡基础设施、公共服务、民生事业等方面，要实现共同富裕的目标，仅靠农业现代化是不够的，农业农村现代化只是迈向共同富裕的要求，高质量乡村振兴既是共同富裕的重要内容，也是推进共同富裕的重要途径。

高质量乡村振兴与共同富裕目标有着一定的逻辑关联，如与缩小城乡发展差距的关系，与农业、农村、农民现代化发展的关系，与高质量发展的关系，等等。共同富裕与乡村振兴在本质上是一致的，在逻辑上是相互关联的，用哲学的语言来说，它们是统一体中的两个方面，相互依存和相互矛盾，共同推动事物的发展。

二、共同富裕与乡村振兴的共振性

共振是物理学上一个运用频率非常高的专业术语，是指两个振动频率相同的物体，当一个发生振动时，引起另一个物体振动的现象。我们把"共振性"运用到共同富裕与乡村振兴的关系上，是为了说明两者同样有共振性，更加深刻和形象地说明两者之间"共振"的关系。

（一）从城乡关系的共振来看

城乡关系是广泛存在于城市与乡村之间的相互作用、相互影响、相互制约的普遍联系与互动关系，也可以说是城乡共振关系。这种共振关系在一定社会条件下反映城乡之间的政治关系、经济关系、阶级关系等诸多因素。我们从城乡关系的共振视角分析来看乡村振兴与城乡共同富裕的互动关系。

在中国共产党百年历程中，城乡关系共振大致可以划分为四个时期。第一，中国共产党成立至新中国成立（1921—1949 年）。这个时期城乡关系共振集中表现为：从解放战争前的城乡分离到解放战争中的城乡互助，从农业优先到农工商协调发展。城乡关系中乡村是中心，城乡相互帮助、相互支撑，促进乡村发展以恢复经济。第二，新中国成立后实行计划经济体制（1949—1978 年）。这个时期城乡关系共振主要表现为：党和国家逐渐把中心从乡村转向城市，建立重工业优先发展战略。城乡经济关系体现为以城乡统筹实现城乡互助，在城乡的不平等中乡村向以城市为中心的国家工业化输送农业剩余价值，与此同时工业品下乡推进农业机械化，推动公共服务的进步和发展。第三，改革开放到党的十八大召开前（1978—2012 年）。这个时期城乡关系共振主要表现为：在市场机制下"三农"问题凸显，国家积极构建"以工促农、以城带乡"的全面发展格局，乡村获得更多的发展资源，但城乡发展差距仍在扩大。第四，党的十八大以来（2012 年至今）。这个时期城乡关系共振主要表现为：乡村成为党和国家工作的重中之重。为有效解决城乡发展不平衡、农村发展不充分的问题，国家积极推进实施城乡一体化发展、城乡融合发展、脱贫攻坚和乡村振兴战略。

在城乡共同富裕的共振进程中，城乡发展关系的演进逻辑是城乡建设要服务于国家的经济战略和城乡发展要以生产关系符合生产力发展水平的规律为原则。改革开放 40 多年来，我国城乡关系共振性的演变始终表现为农村与城市是一个有机的统一体，唇亡则齿寒，因此当下我们精准解决城乡发展中的突出问题，实现两者的协调统筹，促进经济社会高效发展，就极其重要。

（二）从共享发展的共振来看

坚持共享发展，必须坚持发展为了人民，发展依靠人民，发展成果由人民共享，并作出更有效的制度安排，使全体人民在共建共享发展中有更多获得感，增强发展动力，增进人民团结，朝着共同富裕方向稳步前进。

共享发展的共振体现党和人民的关系。共享发展充分体现了中国共产党的性质和宗旨，发展为了人民、发展依靠人民、发展成果由人民共享是党执政为民理念的崭新表述，是党和政府执政为民、服务于民的政策基点和时代命题。中国共产党的实践历程，就是践行"来自人民、植根人民、服务人民"的历程。

共享发展理念和思想深刻阐释为了谁发展、依靠谁发展和发展成果的分配等问题，这是与人民最广泛最关切的利益诉求形成的共振和共鸣，我们要实现好、维护好、发展好最广大人民群众的根本利益。

坚持共享式发展，是党和政府在发展实践中的自觉自醒，有利于破解社会发展的各类难题，消除人民参与经济发展、分享经济发展成果的障碍，顺应人民过上美好生活的期待，实现社会的公平与正义。党中央提出以共享发展理念来带动共同富裕，既体现社会主义制度的优越性，也表明我们党坚定不移地带领全国人民走具有中国特色的共享式发展道路的决心与信心。

共享发展是缩小贫富差距的重要路径，共享发展理念是共同富裕思想的重要组成部分。中国共产党建党 100 多年来，党和国家在"三农"领域推进共享发展、共同富裕，历经了创造条件、探索实施、创新推进和全面提升四个不同阶段，采取了许多不同的政策和措施，使共享和共振向着共同富裕和乡村振兴的伟大目标迈进。

（三）从建党百年的共振来看

中国共产党建党百年的奋斗与中国发展的共振主要表现在以下三个方面。第一，坚持党对乡村振兴和共同富裕的全面领导。在党的领导下，中国人民推翻"三座大山"，建设社会主义新中国，集中力量发展生产力，经济社会各方面取得了突飞猛进的发展，人民生活水平大幅提高，这是有目共睹的历史见证和事实。中国共产党的全面领导是实现高质量乡村振兴和共同富裕目标的根本保障。第二，坚持以人民为中心的发展思想。中国共产党获得人民群众支持的根本原因就是始终坚持为人民谋利益、求幸福，而带领中国人民走向共同富裕正是满足人民群众愿望的现实体现，也是中国共产党人的初心。第三，遵循社会生产力与生产关系的发展规律。我们党提出，先富带动后富的发展方向和路径，这是社会主义生产力和生产关系发展的必然结果。

三、共同富裕与乡村振兴的逻辑性

共同富裕与乡村振兴是遵循历史和逻辑统一原则进行的。实现全体人民共同富裕反映历史和逻辑统一的宏伟目标，是立足我国国情农情顺势而为的发展逻辑过程；而实施乡村振兴战略是历史与逻辑统一的体现，是解决人民日益增长的美好生活需要和不平衡不充分的发展之间的矛盾的必然要求，是实现"两个一百年"奋斗目标的必然要求。深入研究和探索共同富裕与乡村振兴的逻辑必然性、逻辑内在性、逻辑规律性，具有重大理论和现实意义。

（一）从共同富裕与乡村振兴的逻辑必然性来看

中国的改革开放是从农村开始的，家庭联产承包责任制激发了亿万农民的积极性，以实行家庭联产承包责任制为中心的农村改革如火如荼地全面展开，但经济建设的重心由乡村转移到城市是历史的必然。1984年《中共中央关于经济体制改革的决定》开始了加快以城市为重点的整个经济体制改革的步伐，2000年《中华人民共和国国民经济和社会发展第十个五年计划纲要》提出要不失时机地实施城镇化战略，2013年党的十八届三中全会明确提出要坚持走中国特色新型城镇化道路。《中国城市建设统计年鉴》有关数据显示，1981—2009年城市建设用地累计5369万公顷；2011年城市建设用地418.1万公顷；2000—2011年我国城镇建成区面积增长了76.4%，城镇人口增速为50.5%；1980—2018年城镇化率由19.39%增长至59.58%。城市不仅在面积、人口等方面实现了量的扩张，而且在质的方面的提升也相当迅猛。我国改革开放40多年来的发展取得了举世瞩目的成就，但城乡发展不平衡一直是突出问题，矛盾日益尖锐。当下我们要在继续推动发展的基础上，着重解决好城乡发展不平衡、乡村发展不充分的问题，实现共同富裕和乡村振兴具有社会历史发展的逻辑必然性。

改革开放以来，我们党和国家认识到贫穷不是社会主义，要摆脱传统体制束缚，允许一部分人、一部分地区先富起来，推动解放和发展社会生产力。特别是从党的十八大以来，党中央把逐步实现全体人民共同富裕摆在更加重要的位置。打赢脱贫攻坚战，全面建成小康社会，只是促进共同富裕的第一阶段。加快农业农村发展，全面推进乡村振兴，是解决人民日益增长的美好生活需要与不平衡不充分发展之间矛盾的历史和逻辑必然，也是实现第二个百年奋斗目标的历史和逻辑必然，更是实现全体人民共同富裕的历史和逻辑必然。

（二）从共同富裕与乡村振兴的逻辑内在性来看

20 世纪 50 年代，我国提出改变"一穷二白"落后面貌是发展的主要任务，在当时制定了许多相关政策，大力推进社会主义改造完成。到 20 世纪 80 年代，随着我国改革开放的深入和发展，倡导让一部分地区、一部分人先富起来，大大激发了人们生产的积极性和创造性。但是，我们应当客观地认识到，现实情况是贫富差距进一步扩大，成为发展不平衡和矛盾突出的问题。有关资料显示，2018 年我国基尼系数达到 0.474（基尼系数是指国际上通用的、用以衡量一个国家或地区居民收入差距的常用指标，通常把 0.4 作为收入分配差距的警戒线。）因此，让改革发展成果更多更公平惠及全体人民，朝着实现全体人民共同富裕不断迈进成为顶层关注民生的重点。乡村是我国实现共同富裕的短板，在这种情况下，共同富裕与乡村振兴就成为历史与逻辑发展的一种内在必然性。

内因是变化的根据，外因是变化的条件，只有激发乡村的内生动力，振兴才能植根于乡村的沃土之中。改革开放以来，党和国家对农民进行直接补贴，建立农村社保制度，对乡村的发展起到了十分重要的作用。但是，这是一种"输血功能"，更重要的是运用政策杠杆强化"造血功能"，激发乡村振兴的内生动力。共同富裕与乡村振兴不仅要看个人收入是否增长，还要看公共财政收入是否增加，更要看公共财政收入是否用于民生事业、公共服务和基础设施等。当下我们提出的高质量发展乡村振兴，最核心的内容是其承载了促进社会公平正义和缩小区域、群体、城乡发展差距的使命，是让改革发展成果更多更公平惠及全体人民的重大战略举措。乡村振兴重在补齐农业农村发展短板，持续缩小城乡、区域发展差距及不同群体之间生活水平的差距。乡村振兴的总目标是实现农业农村现代化，共同富裕是农业农村现代化要达到的目标，这个大方向反映了历史和逻辑发展的内在性。

（三）从共同富裕与乡村振兴的逻辑规律性来看

共同富裕与乡村振兴的历史进程反映了发展的历史和逻辑规律性。我国乡村改革经历了"家庭联产承包责任制"—"重心转移"—"新农村"—"现代化"—"乡村振兴"的发展逻辑。党中央国务院一直关注"三农"问题：提出"家庭联产承包责任制"（1982—1986年），连续五年的中央一号文件对承包的合法性、放活农村工商业、竞争促发展、调整产业结构、取消统购统销、增加农业投入、调整工农城乡关系等方面作出了规定；确立"重心转移"（1987—2003年），工作重心转移到城市，全国"打工潮"形成；制定"新农村"建设蓝图（2004—2011年），中央一号文件重心在新农村建设和农民增收方面，主要探索乡村发展的新路径；确定"现代化"发展路径（2012—2017年），中央一号文件重心在农业科技、现代化、新动能发展，更加明确地提出乡村现代化的发展路径；制定"乡村振兴"国家战略（2018年之后），党的十九大作出实施乡村振兴战略的决策，2018年的中央一号文件《中共中央 国务院关于实施乡村振兴战略的意见》，对实施乡村振兴战略进行了全面部署。由此看来，顶层决策将责任承包作为乡村发展的逻辑起点，但乡村发展受限则会引起重心转移到城市；重心转移不是忘记乡村，而是城乡统筹、兼顾乡村的结果，新农村建设的提出成为乡村发展的逻辑要求；新农村建设进一步发展，要求提升农业农村发展水平的实质要件，现代化的提出成为逻辑展开；现代化水平提高要求乡村整体水平提升，乡村振兴战略成为发展的逻辑终点。从逻辑起点与逻辑终点之间的发展过程分析来看，不管中间经历过多少复杂和曲折，始终呈现出共同富裕与乡村振兴发展的逻辑规律性。

Chapter 3

共同富裕与乡村振兴的艰难性

当下，实现共同富裕与乡村振兴是社会发展的共同目标，但其中还存在一些难点、痛点以及挑战。我们应该认识到，共同富裕不是均等富裕、同步富裕，它是一个庞大的系统工程，需要较长时间才能实现，且在实现的过程中面临着一些短板和制约因素。这就给实现共同富裕与乡村振兴带来许多方面的现实问题。全社会都要群策群力，想方设法克服难点，集思广议解决痛点，万众一心迎接挑战。只有这样，在共同富裕与乡村振兴的道路上，我们才能承担时代担当，完成历史使命！

一、共同富裕与乡村振兴的难点

消除贫困，消除两极分化，达到共同富裕，是社会主义的本质要求，也是人民的共同期待。但是，要想实现乡村振兴，达到共同富裕，不仅要看到美好前景，更要认识到其中的难点，只有这样才能不断巩固脱贫成果，采取更有力的举措、汇聚更强大的力量，加快农业农村现代化步伐，推动全体人民走向共同富裕。从目前观察和分析的情况来看，共同富裕与乡村振兴的难点主要有以下三方面。

（一）从树立共同富裕与乡村振兴发展理念是难中首难来看

共同富裕与乡村振兴的首要难题是如何解决发展理念上的问题。实施乡村振兴战略，促进共同富裕，必须要有新的发展理念。例如，乡村振兴、共同富裕既要充分地解放和发展生产力，更要直接地回应人民群众关切、满足人民对美好生活的需要，使全体人民在中国特色社会主义制度保障下共创发达、领先世界的生产力水平，共享幸福而美好的生活。为了实现这个目标，就要缩小乡村与城镇的发展差距、农民与市民的收入差距。又如，无论是乡村振兴还是共同富裕，在推进过程中始终要坚持共享发展理念，通过先富带后富，最终实现共同发展和富裕。我国幅员辽阔，各地地理条件、自然资源、发展基础差异很大，在这种情况下，只有首先在发展理念上达成一致，才能实现共同富裕。或者说，要先把"蛋糕"做大做好，再把"蛋糕"切好分好，处理好效率与公平的关系。共同富裕无疑是美丽乡村建设的重要一部分，甚至是核心。尽管美丽乡村建设正在快速推进，但如何实现共同富裕仍然是一个很大的挑战。共同富裕不仅仅体现在城乡之间，更体现在乡村内部。当前，全面建设社会主义现代化国家新征程已经开启，"十四五"规划指明了我国社会主义现代化国家建设迈向的远景目标——"共同富裕"。实现这一目标最大的难点是农村，最大的问题是发展理念，只有解决好发展理念问题，才能实施乡村振兴战略，实现共同富裕的战略目标。

（二）从解决"三农"问题是推动共同富裕与乡村振兴的重点难点来看

所谓"三农"问题，是指农业、农村、农民这三个问题，是农业文明向工业文明过渡的必然产物。当前，我国有些地方"三农"问题的突出难点有：农民致富的强烈愿望与农民持续增收乏力的矛盾突出；农村集体经济薄弱与完成新农村建设繁重任务的矛盾突出；农村基础设施建设的目标要求与地方财力捉襟见肘的矛盾突出；等等。

党的十六大基于"三农"问题在我国现代化全局重中之重的战略地位，针对农村发展新阶段的历史性难题，突破性地提出了统筹城乡经济社会发展，全面繁荣农村经济的指导方针。这是建设现代农业，发展农村经济，增加农民收入，实现农村全面小康的创新之举，是破解"三农"诸多难题的基本思路和行动纲领。党的十八大以来，我们坚持把解决好"三农"问题作为全党工作的重中之重，把脱贫攻坚作为全面建成小康社会的标志性工程，组织推进人类历史上规模空前、力度最大、惠及人口最多的脱贫攻坚战，启动实施乡村振兴战略，推动农业农村取得历史性成就、发生历史性变革。

尽管如此，"三农"问题犹如一个深不可测的"大坑"，要想彻底填平填满确非易事。在这种情况下，扎实推动共同富裕的重点难点在"三农"，急需做好以下两个方面的工作：一是要以产业融合发展推动高质量乡村振兴，夯筑共同富裕经济基础。通过产业纵向融合，提高农业产业价值链增值能力，提升农业全要素生产率，促进产业提质增效；通过产业横向融合，促进农业与科技、文化、教育、环境、旅游等产业与领域之间的联系，拓展传统农业多样功能，拓展农业增效增收空间。二是要以数字乡村建设促进高质量乡村振兴，消除共同富裕数字鸿沟。通过数字乡村建设，为缩小城乡和区域间数字化差距提供关键技术支撑，为乡村地区跨越发展，走上和城镇地区共同发展、共同富裕道路提供重要保障。

（三）从实现城乡双向流动是共同富裕与乡村振兴的难中之难来看

城镇化让很多农民从农村走向城市，他们的生产生活质量得到了提升，然而，单纯的农民工市民化、单向的城镇化也会产生许多问题。在最近几年，有一种声音也逐渐被关注，即"城乡人口的双向流动也是有必要的"。"逆城镇化"现象是良好的，也是必然的。因为人口双向流动为城市和农村带来了发展活力，因此，一方面要进一步畅通农民工进城的渠道，另一方面要支持和鼓励下乡创业。

其实，逆城市化是城市发展的规律，城市化进展到了一定程度，城市化与逆城市化就会同时出现，不同的人群有不同的需求。另外，我国的城市与农村土地制度不同，农村土地制度改革的前景是驱动逆城市化现象的原因之一。比如拿到农村户籍后，可以拥有农村土地、林地的承包权。另外，当农村因单向城镇化不断凋敝，这自然就需要"逆向流动"来解决乡村的"空心化"困境。

知名学者郑永年认为，在中国有很长一段时间将农村视为贫困的象征，人民的梦想是脱离农民的身份。对比来看，德国、日本等国家的乡村建设走在前列。我们的城市化在某些方面以牺牲乡村为代价，这一点在第一波和第二波工业化中均有体现，农民几乎是城市化和城市建设的主体，但他们享受不了城市化的利益。直到今天，我们还没有解决好户口制度所带来的问题。如今农村面临的最大困局是资源单向流出性衰败，农村的人口、资源向城市不断流出。近几年来政府对农村的财政投入力度加大，也确实改变了农村的外貌，但一旦政府投入减少或停滞，农村还会重新返贫、回到旧貌。由此看来，只有实现城乡的双向流动，才能实现农村的可持续发展。我们必须深刻意识到，返乡是我国数千年农耕文明的特色，过去因为户口制度、农村土地制度等原因中断了这个传统。从现在来看，我们要实现城市居民尤其是中上等居民返乡的中国梦并不难。现在的城市户口制度已经松动，允许农民成为城市居民，下一步也应该允许城市居民返乡，再次成为农民。政府应规制社会资本，不允许社会资本进行土地集中。只有实现了城市居民的"返乡梦"，乡村才能拥有足够的资本实现可持续发展、实现乡村振兴，从而实现共同富裕。

共同富裕是美丽乡村的经济基础，只有共同富裕才能吸引人和留住人。一个贫困的乡村，即使再美丽，也吸引不了人，留不住人。这是如今一些乡村面临的巨大困局。

二、共同富裕与乡村振兴的痛点

在实现共同富裕与乡村振兴的过程中，城乡之间存在着许多的痛点，如"差距""保障""发展"等。解决上述原发性、积累型的痛点，是缩小城市与乡村、市民与农民、工业与农业的差距的基础。如果我们没有把这些基础性的差距从源头上解决，共同富裕与乡村振兴便无从谈起。

（一）从城乡差距的痛点来看

我国的城乡发展不平衡已经成为制约经济均衡发展的重要因素，引起越来越多的关注。可以说，城乡差距已经成为我国当下经济社会发展的一个痛点，其主要表现在以下七个方面。

第一，城乡居民收入差距。改革开放 40 多年来，我国在经济快速发展、人民生活水平不断提高的同时，贫富差距也在逐步扩大。根据国家统计局数据，虽然城乡居民收入比已经由 2008 年的 3.31∶1 缩小到 2019 年的 2.64∶1，但人均绝对差距却由 11020 元 / 年扩大到 26338 元 / 年。而且，相对收入比的缩小主要是因为进城务工收入的快速增长，而不是家庭务农收入的增长。根据《中国农业年鉴 2018》中种植业成本与收益数据，2016 年和 2017 年，稻谷、小麦、玉米三大主粮的平均利润为负，即使将成本中的"家庭用工折价"去掉，每亩的收益也只有 328.3 元、381.4 元。相比之下，2019 年全国规模以上企业就业人员年平均工资为 75229 元，一个家庭种一年地的收入，还不如一个人在外面打工一个月。农业的无利可图导致青壮年劳动力大量务工弃农，以至于第三次全国农业普查时，35 岁以下从事农业的劳动力不足 20%（数值为 19.2%）。

衡量一个国家的收入差距，国际上通用的指标是基尼系数。基尼系数最大为"1"，表示居民之间的收入分配绝对不平均，最小等于"0"，表示居民之间的收入分配绝对平均，但这两种情况都仅仅只会出现在理论上。因此，基尼系数的实际数值只能介于 0 和 1 之间。基尼系数越小，表示收入分配越平均，系数越大，表示收入分配越不平均。根据国家统计局公布的数据，我国居民收入的基尼系数 2003 年为 0.479，2008 年达到最高点 0.491，到了 2018 年是 0.474。而在 20 世纪 80 年代初，全国收入差距的基尼系数是 0.3 左右。据北京师范大学经济与工商管理学院教授李实分析，接近 0.5 的基尼系数可以说是一个比较高的水平，世界上超过 0.5 的国家只有 10% 左右；主要发达国家的基尼系数一般都在 0.24 到 0.36 之间。原任中国人民大学国家发展与战略研究院院长的刘元春曾表示，0.47 到 0.49 之间的基尼系数反映出我国收入差距仍然比较大，尤其是城镇居民内部、城乡居民之间的收入差距都比较大。

一直以来，缩小农村居民和城市居民在收入方面的差距就是缩小城乡差距的关键。如果收入存在较大差异，那么农村居民和城市居民的消费方向、消费质量和消费高度就会产生较大差异，其重要性基本可以用"牵一发而动全身"来形容。

第二，城乡教育差距。为减轻农民在教育经费统筹方面的负担，我国自 2001 年开始大力推行撤点并校，农村学校由原来最多时的 60 多万所减少到 20 多万所，学校布局总体上出现"村空、乡弱、城挤"的现象，农村孩子面临新的上学难，义务教育的"就近、免费"两大特点失灵。全国近 60 万个行政村，大多数"村小"被撤并，孩子只能到乡镇或县城借读。即便没有被撤并的学校，其教学条件、教师水平、教学设施、教育质量与城市相比也是天壤之别。据统计，清华北大的农村生源仅占 2 成左右，各省高考状元也多来自城市。此外，在农村还有数量众多的留守儿童，他们不但缺失家庭教育，还容易遭受冷暴力、硬暴力等校园欺凌。不断拉大的城乡教育差距将使乡村振兴的人才需求成为无源之水。教育的差距是人才分配不均匀的主要因素之一，缩小城乡差距必须要打破农村居民和城市居民之间的教育差距。

第三，城乡养老差距。城镇企业职工可以享受到职工基本养老保险，还有一部分公务员和事业单位职工可以领取更具保障性的退休金。但在农村，从事农业的农民只能缴纳城乡居民养老保险。由于缴纳基数和算法的不同，两种保险的福利差距十分悬殊。享受职工基本养老保险的市民在退休时往往能获得每月几千元的养老金，而缴纳城乡居民保险的农民在 60 岁后每月则只能领取几百元。而且城镇企业职工领取基本养老保险的年龄更灵活，男性分为 60、55、50 周岁，女性分为 55、50、45 周岁，而农民无论男女都只能从 60 周岁开始领取。此外，农村青壮年外出比例更高，乡村老龄化的速度比城市更快、比率更高，谁来养老的问题更加突出。

第四，城乡医疗差距。城市和农村在医疗设备、医疗人员能力、医疗环境等方面的不同，导致两者医疗条件的差距，其严重性并不亚于收入和教育的差距。健康是一切的基础和保障，如果连农村居民健康水平都没有强有力保障的话，那么农村和城市的差距会更加大。卫生健康事业发展统计年报显示，近年来我国医院的数量不断增加，已经从 2012 年的 2.3 万个增加到 2022 年的 3.7 万个，但乡镇卫生院和村卫生室的数量却在下降，分别从 2012 年的 3.7 万个、65.34 万个下降到 2022 年的 3.4 万个、58.8 万个。农村与城市公共卫生服务的差距越来越大。当前，我国医疗资源多集中在大城市和大型公立医院，农民看病只能往大城市挤，由此带来的看病难、看病贵问题依然困扰着农民。

第五，城乡消费差距。随着改革开放与经济发展，我国人民消费水平有了很大提高，消费结构也发生了巨大变化，但是，城乡消费差距并没有缩小，甚至有所扩大。商务部有关专家指出，虽然我国社会消费品零售总额增速较快，但城乡消费差距正在逐步加大。对此，商务部在《全国商品市场体系建设纲要》中提出，以小城镇建设为依托，大力开拓农村消费品市场，鼓励各类投资主体投资农村商业设施建设，形成以县城为重点、乡镇为骨干、村为基础的农村消费品零售网络。尽管如此，根据 2021 年国家统计局调查，食品烟酒、居住、交通通信是城乡居民消费占比排名前三的消费类别，其中，食品烟酒、居住方面的城乡居民人均消费差距偏大，交通通信、文娱方面消费也仍有较大差距。

第六，城乡就业差距。城乡就业结构存在明显差距，农村居民主要的就业方向是务农及外出打工，而城市居民有多样的就业渠道，就业前景良好。根据国家统计局数据，2022 年全年城镇调查失业率平均值为 5.6%，农村劳动人口的失业率没有归入统计，但有关资料显示，农村失业人口高于城市。目前我国绝大多数普通劳动者家庭收入的主要来源是就业收入，就业是民生之本。城乡差距的一个重要表现在于就业资源、就业机会的不平衡、不对等。缩小城乡差距，实现乡村振兴，必然要求有限的就业资源政策性向基层农村倾斜，确保广大农村未就业人群，特别是动态监测户、低收入农户家庭至少有一人实现稳定就业。这也是破解"三农"问题，构建社会主义和谐社会的必由之路。

第七，城乡生态文明方面差距。生态文明对人类的发展具有不可估量的作用。相对于农村而言，城市更加重视环境治理，城市多站在生态高度来提倡、执行环境治理，当然这也与城市能够较好地获得物质、政策法规支持有关；农村环境治理理念近些年来虽有较大提高，但广度不够广，深度不够深。农村和城市生态文明的差距，在很大程度上影响了农村和城市在各个方面的发展差距。缩小农村和城市在生态文明方面的差距，有利于我国绿色、可持续发展。

缩小城乡差距是解决痛点的首要和关键问题，也是我们走向共同富裕与乡村振兴的重点。

（二）从城乡保障的痛点来看

党的十八大以来，以习近平同志为核心的党中央始终坚持以人民为中心的发展思想，把人民群众对美好生活的向往作为目标，一大批惠民举措落地实施，脱贫攻坚取得决定性进展，教育事业全面发展，就业状况持续改善，城乡居民收入增速超过经济增速，中等收入群体持续扩大，覆盖城乡居民的社会保障体系基本建立，人民健康和医疗卫生水平大幅提高，人民的获得感、幸福感、安全感更加充实、更有保障、更可持续。

我国坚持和完善统筹城乡的民生保障制度，采取针对性更强、覆盖面更大、效果更明显的举措。例如，解决"新市民"住房痛点。我国原有住房保障制度存在缺口：人口净流入城市房价高，新市民、青年等人群短时间内买不起房，按照收入水平又不符合公租房保障条件。2021年7月，国务院办公厅印发《关于加快发展保障性租赁住房的意见》，首次明确了国家住房保障体系的顶层设计，要加快完善以公租房、保障性租赁住房和共有产权住房为主体的住房保障体系。在这种情况下，公租房、保障性租赁住房、共有产权住房再加上既有的市场化租赁住房、商品房，形成了对住房需求者的全覆盖：低收入群体租住公租房，夹心层租住保障性租赁住房，改善型租住群体租住市场化租赁住房，初次购房者可以购买共有产权住房，改善型购房群体可以购买商品住房。又如，直面困难群众"痛点"。低保制度是社会救助的基础性制度。20世纪80年代以前，除农村"五保户"以外，我国各地普遍采取临时救助措施，对缺衣少食的贫困对象给予临时救济。到了20世纪90年代，我国部分省市开始探索建立农村最低生活保障制度。改革开放40多年来，农村"五保"老人的生活水平不断提升。

尽管如此，农村的社会保障功能依然存在缺位，社会保障安全网仍需完善。虽然"新农合"和"新农保"的实施为农村提供了一些基本的社会保障，但是给付水平太低，保障水平十分有限。在这种情况下，当务之急就是要健全幼有所育、学有所教、劳有所得、病有所医、老有所养、住有所居、弱有所扶等方面国家基本公共服务制度体系，注重加强普惠性、基础性、兜底性民生建设，保障农民基本生活。要从最困难的群体入手，从最突出的问题着眼，从最具体的工作抓起，通堵点、疏痛点、消盲点，全面解决好同老百姓生活息息相关的教育、就业、社保、医疗、住房、环保、社会治安等问题。只有正确认识在保障问题上的"痛点"，才能真正做到救困救急，使社会更加和谐和稳定。

（三）从城乡发展的痛点来看

实现城乡协同发展就是要统一公共服务的标准，给予城乡居民、城乡企业以同等公共服务的待遇。近些年我国农村经济得到较快发展，但在发展中也出现了一些问题，主要表现在以下几个方面。一是留守问题。改革开放之后，随着城市快速发展，越来越多的农民选择放弃种地，外出打工，留在农村的就是儿童和老人。随着迁移人口规模迅速增长，日益增多的家庭留守人员也成为一个重要的社会问题。二是产业问题。农村人去楼空田抛荒的实质是产业的问题。传统农业一家一户的生产模式使得农产品很难与大市场对接，农民没法靠卖农产品获得可观的收入，只能选择外出打工。要振兴农村，首先要振兴农村当地产业，使小农户从全程生产向产业化分工合作转型，让农业产业发展成工厂精细化分工链，生产过程每个环节都由专业队伍负责管理，产后市场销售也由专业团队对接，农民专注负责自己专长的某一环节。要做到这一点，必须大力发展新型农业主体，让新主体承担起产业组织协调功能，农民转为农业产业中固定职工，用产业化来解决农民就业与收入问题。三是婚姻问题。在城镇化进程中，农村逐渐边缘化，农村青年娶媳妇难成了一个社会大问题，许多边远农村都快成了"光棍村"。为此，一方面需要大力破除农村"天价"彩礼的不良风气，引导树立婚恋新观念，另一方面还得改善农村人居环境，提高村容村貌。四是通联问题。农村发展相对缓慢，对外通联是个制约点。要想实现乡村振兴，就必须加强农村基础设施建设，提升村道等级，让农村道路能适合集装箱运输车通行，农村生鲜农产品能通过冷链运输与市场对接；提升农村"新基建"发展速度，加快农村互联网建设步伐，实现互联网全覆盖，让智慧农业走进农村，促进电商农业发展。

三、共同富裕与乡村振兴的挑战

我国在实现共同富裕与乡村振兴的征途中，不仅会遇到难点和痛点，还会面临许多方面的挑战。当前，我国城乡发展依然不平衡不充分，城乡要素流动存在障碍，城乡公共资源配置不合理，现代农业产业体系尚不健全。城乡二元的户籍壁垒没有根本消除，城乡统一的建设用地市场尚未建立，城乡金融资源配置严重失衡，这导致人才、土地、资金等要素更多地流向城市，农村发展缺乏要素支撑。城市发展不充分，不可能建成现代化强国，但是城市高度繁荣、乡村衰落，也不可能建成现代化强国，所以必须走城乡融合发展的道路，而目前重点要面对的是以下三个方面的挑战。

（一）从城乡要素市场的壁垒来看

改革开放以来，我国农村农业发展取得了举世瞩目的成就，但"三农"问题依然是我国发展的短板，城乡二元结构仍是发展中较为突出的矛盾。导致城乡发展差距拉大的主要原因在于要素市场化改革远远落后于产品市场化的改革步伐，城乡要素市场割裂，城乡要素不能顺畅流动与平等交换。城乡之间的土地、劳动、资本三种生产要素交换没有遵循市场配置的规律，尤其是农村的要素资源没有得到充分利用，限制了我国乡村经济的活力。如果不尽快改革消除这些要素市场的制度壁垒，将对实现共同富裕与乡村振兴形成挑战。

第一，劳动力要素流动存在壁垒。长期以来，由于资本的相对稀缺和劳动力的相对过剩，在资本劳动的组合中，劳动力一直居于相对劣势地位，由此导致的资本回报率偏高、劳动回报率偏低是投资率偏高、消费率偏低、内需乏力等一系列我国经济痼疾的根源。随着城镇化不断推进，我国常住人口城镇化率和户籍人口城镇化率之间的差距总体呈不断扩大趋势。仅看"十三五"期间，全国常住人口城镇化率从 2016 年的 58.84% 提升至 2020 年的 63.89%，五年之间上升 5.1 个百分点；与之相比，户籍人口城镇化率从 41.2% 提升至 45.4%，提升 4.2 个百分点。二者差距从 16.15 个百分点扩大至 18.49 个百分点。以 2020 年数据估算，全国约有 2.6 亿人常住在城镇，却没有城镇户口。因为户口和城市的公共服务绑定在一起，农村劳动力的"自由流动"其实存在着许多壁垒，城市的户籍制约与日渐增加的生活压力使农村劳动力向城市流动的速度开始下滑。按照发达国家80%以上的城镇化率水平计算，我国可能还有3亿多人需要从农村迁移到城市。如果这部分劳动力仍然留在农村务农，农业将仍然以小农经营为主，农业边际产出和收益难以提高，现代化和规模化的农业经营难以实现，成为乡村振兴路上的羁绊。

第二，土地要素交易存在壁垒。改革开放之后，计划经济向市场经济转轨，人口流动、人地矛盾和城乡二元体制等问题将联产承包经营的弱点暴露出来。农地要高效产出，必须与整个市场机制对接起来，而对接，就得让土地要素实现一定程度市场化。梳理家庭联产承包责任制以及土地流转制的由来，可以发现农民有着敏锐的触觉，但这不意味着在土地流转过程中他们都能得到应得的那部分收益。现代技术让规模经营成为可能，土地流转面临的困境，已经不是技术问题，而是各种制度壁垒。例如集体土地所有权虚置，又如乡村自治不成熟导致行政力量大包大揽，再如城乡户籍藩篱以及福利保障的二元割裂，等等。从因果关系上来看，土地流转可以推动这些层面的改革突围，但土地流转顺畅与否，也有待于这些改革的深入。我国土地制度的改革进程较为缓慢。在城乡间，土地不同的配置方式使土地增值收益在城乡分配存在不公，这也是城乡差距的重要来源。在土地流转上，农村土地仅允许在集体内承包给大户，或者通过集体流转给公司，规模经营在全国至今没有大范围展开。有关调查显示，江浙一带等经济发达地区只有不到60%的农户反映有大户或公司到村里租地，而中西部湖北、四川的这个比例不到30%。农村最丰富的资源就是土地，农民最大的财产也是土地，如果不能激活土地要素市场，农村和农民的发展步伐将会十分缓慢，乡村振兴也会缺乏相应动力。

第三，资本要素下乡存在壁垒。积极引导城市资本向农村农业部门回流，是我国城乡一体化发展的一种必然趋势，是改善劳动和土地生产要素关系，解决"三农"问题以及提高农业投资回报率的有效路径。但是，我国城市资本进入农村土地却受到严格管控，资本下乡从事"非农化"经营受到严厉限制。仅能从事农业经营的"资本下乡"不得不面临农业种植收益低和风险高的难题，最后企业常常处于亏损状态，经营不下去。有学者认为，资本下乡并不一定导致粮食生产下降，资本下乡可以通过增加农业设施用地与机械要素投入提高产量，通过提供生产性服务增加本地就业，这些反而有利于农户扩大粮食生产，而且还能增加农民收入。近几年讨论较多的"资本下乡"争议较大，但是政府在推动要素市场改革的背景下，需要顶层设计相关制度，出台保障措施，在确保国家粮食安全的前提下，合理引导资本开发农村土地资源，激活农村的要素市场。

（二）从农村生产配套条件落后来看

实施乡村振兴不仅需要市场，还需要农村内部具有可保障的配套生产条件。目前许多农村生产配套条件落后，人居环境建设、污水管网铺设、外墙保温改造、燃气入户、农家乐改造等基础设施建设还存在一些问题，逐步完善乡村基础道路、供电、供水、排水、燃气、通信等设施任重而道远。而由于生产性基础设施的"硬件"较为落后，技术人才流出、人口老龄化日趋严重，生产"软件"也逐步缺失，这也成为实现共同富裕与乡村振兴路上不得不解决的难题。

第一，生产性基础设施"硬件"仍需加强。生产性基础设施落后会使生产能力受到限制，农村基础设施建设是实现农村产业兴旺、推动农业农村现代化发展的动力引擎。党的十八大以来，我国农村水、电、路、气、房、通信等基础设施建设全面提速，农村经济社会发展产生了巨大的直接效应和间接效应，但与全面实现农业农村现代化要求相比，仍显不足。与城市相比，大部分农村地区基础设施建设总体聚焦于水、电、路、气、房等基础层面，部分农田缺乏有效灌溉设施，农业机械化总体水平有待提升，在信息化、智能化、数字化等新型基础设施建设方面远远滞后于城市。部分"老少边穷"和深度贫困地区，由于自然条件较为恶劣，建设难度大、投资成本高，在道路、通信覆盖等基础设施方面缺口依然较大。大量农村地区道路建设标准偏低，给排水设施覆盖不全，供电设施改造升级缓慢，偏远乡村通信设施通达率低，无法满足当前乡村发展需求。农村基础设施建设主要倾向于改善农民生活条件，生产性基础设施仍相对薄弱。例如，农村电商基础设施和配套服务不足，农村流通设施建设严重滞后，仓储物流的短板尤其严重，目前只有大概41.7%的农产品批发市场建有冷库，11.1%配备了冷藏车，12.9%有陈列冷柜。

第二，人力资本"软件"不足。乡村除了生产性基础设施的"硬件"相对落后，社会生产发展所需要的"软件"也极为缺乏。第三次全国农业普查的数据显示，农业生产经营人员中，35岁以下的人员只有19.2%，55岁以上的为33.6%；而且从事农业经营人员的学历程度都普遍偏低，其中初中及以下学历的比例超过了90%，大专及以上比例只有1.2%。人力资本对经济发展具有非常重要的作用，农村人力资本的流失对农业技术的传播、培训都会造成不利影响，不利于农业经济和农村地区的发展。为此，国家实施乡村振兴战略，推动乡村人才振兴，强调要把人力资本开发放在首要位置，为乡村振兴提供人才支撑。加强农村人力资本开发不仅成为"强农业""美农村""富农民"的现实需要，而且赋予服务乡村振兴战略需求的农村人力资本开发创新路径：用产业发展带动农村人力资本流动，用教育打造农村人力资本的新动能，用培训增强农村人力资本的市场适应性，用保健提高农村人力资本的持久性，用劳动力迁移激发农村人力资本的活力。

第三，产业融合乏力。实施乡村振兴战略，推动乡村产业振兴，需要围绕乡村一二三产业融合进行发展，构建乡村产业融合体系。乡村一二三产业融合发展是把农业作为第一产业，工业作为第二产业，旅游业、电商服务业等作为第三产业进行有效融合发展，将资本和技术以及资源要素进行跨界集约化配置，最终实现农民增收和乡村经济发展。乡村产业融合模式，包括城乡融合，资源要素融合，产业与生态融合，产业与文化融合；以第一产业为中心，发展乡村特色产业，以地域乡村文化发展乡村特色旅游，带动一二三产业融合。而当下没有一个完整的产业体系、生产体系和经营体系，也难以实现农业发展的现代化，这是我国农业发展不充分的重要原因。第三次全国农业普查的数据显示，我国种植业占比超过90%，其他农业经营占比不足8%，而且农业生产体系仍然是以小农经营为主，规模化经营农户人员仅占1.9%；在经营方面，农村生产的农作物、农产品缺乏一个和消费市场对接的经营模式，有电子商务配送村落占比只有25.1%。缺乏一套完整的产业、生产和经营体系，农村农产品的供给难以直接对接市场，农产品附加值低，带动的劳动力就业规模也十分有限。由此看来，未来要实现农业农村现代化，需要注重打造一套产业融合的农村生产经营体系。可以通过高新技术对农业产业的渗透、三次产业间的联动与延伸、体制机制的创新等多种方式，将资金、技术、人力及其他资源进行跨产业集约化配置，将农业生产、加工、销售、休闲农业及其他服务业有机整合，形成较为完整的产业链条，带来农业生产方式和组织方式的深刻变革，实现农村三次产业协同发展。

（三）从农村民生保障的短板来看

要实现乡村产业、人才、文化、生态、组织等的全面振兴，就要着重解决农村民生保障存在的短板问题，或者说，解决农村生活条件的配套问题。与城市相比，政府对农村基本公共服务的有效供给明显不足，这些民生领域的短板将直接对农村产生重要影响，从而对乡村的可持续发展与城乡居民的共同富裕造成难题。

第一，生活性设施供给不足。近年来，农村基本公共服务的供给数量不断提高，但是从某些指标来看，生活性基础设施的供给仍然存在不足。第三次全国农业普查的数据显示，截至2016年全国仍有3.5%的乡镇、西部仍有6%的乡镇没有幼儿园、托儿所；全国 8.7% 的乡镇仍然没有实现集中或部分集中供水，饮用经过净化处理自来水的农户比例只有 47.7%。如果农村这些基本公共服务做不到和城市的均等化，那么城乡之间将会长期形成"机会不平等"的现象，城乡差距也难以缩小，给城乡实现共同富裕增加阻力。

第二，公共服务保障滞后。农村公共服务保障滞后主要表现在以下两个方面。一是教育。随着城乡融合的深化发展，易地扶贫搬迁地区以及城乡接合部地区的新社区显著增加，基础教育需求显著增加，对应的学位数量和教育资源等供给不足，教育质量和教育服务水平难以满足人民群众对优质教育日益增长的迫切需要。二是公共卫生。乡镇卫生院医疗服务能力不足，既难以有效应对如新冠疫情等突发公共卫生事件，又无法为老人、妇幼和残疾人等重点人群提供及时、优质的健康服务，医疗体系建设、医疗技术水平、医疗设备配置和医务人员结构都不能满足"健康乡村"的建设要求。

第三，社会保障功能缺位。社会保障制度承担着社会"安全网"和"稳定器"的作用，但是，我国推进城乡社会保障体系均等化仍存在困境与障碍。以养老保险为例，我国基本养老保险体系包括城镇职工和城乡居民基本养老保险两大制度平台。目前，城乡居民基本养老金月均标准较城镇职工基本养老金差距较大。随着农村老龄人口的不断增加和劳动能力的逐步丧失，现有的养老金水平难以保障其基本生活，如果失去子女的帮助，缺乏其他收入来源，其将重新成为绝对贫困人口。从这个意义上来说，社会保障制度的基础作用就是减贫，尤其是在保障最脆弱群体、低收入群体摆脱贫困方面发挥基础性兜底性作用。因此，建立健全能够切实保障最脆弱群体基本生活的社会保障体系至关重要。

要解决实现共同富裕与乡村振兴过程中的"难点""痛点""挑战"问题，就要自觉坚持把共同富裕社会主义本质特征与美丽乡村发展有机结合起来，只有这样，才能走上共同富裕与乡村振兴的大道。

Chapter 4

第四章

共同富裕与乡村振兴的规定性

从唯物史观的角度看，共同富裕以生产力与生产关系的辩证统一为本质内容规定；而全面推进乡村振兴和进行新农村建设是一项系统工程，也有着自身内容规定。因此，我们要从生产力和生产关系的辩证关系出发，认识"共同富裕"是社会生产力发展水平的集中体现，反映的是社会对财富的拥有状况，乡村振兴与新农村建设反映的是社会成员对财富的占有状况和人的生活需要的实现。对"共同富裕"与"乡村振兴"的科学认识直接影响着中国特色社会主义实践的广度和深度，具有方向性的意义。实现共同富裕是社会主义的本质要求，但是促进共同富裕，最艰巨最繁重的任务仍然在农村。要实现共同富裕，就要掌握乡村振兴与共同富裕之间的内在联系，认识到乡村振兴是实现共同富裕的主要矛盾，只有实现乡村振兴，才能谈得上共同富裕。实现共同富裕是社会主义的本质要求，是中国共产党的初心和使命，是全体人民的共同期盼。乡村振兴战略以"产业兴旺、生态宜居、乡风文明、治理有效、生活富裕"为总要求，为实现共同富裕提供坚实的物质基础、重要环境、文化支撑和制度保障。二者之间要求和目标协调一致，逻辑理路互通。

一、共同富裕是建设社会主义新农村的必由之路

从全面小康迈向共同富裕，就需要巩固拓展脱贫攻坚成果同乡村振兴、建设新农村有效衔接，这是实现共同富裕一个极其重要的关键环节。为了说明这个问题，我们可以从巩固脱贫攻坚成果、坚持高质量持续发展、推进全面深化改革三个层面进行分析和探索。

（一）从巩固脱贫攻坚成果是新农村建设的必经之路来看

党的十九届五中全会把"优先发展农业农村，全面推进乡村振兴"作为"十四五"时期我国经济社会发展的重要任务之一，并明确提出要实现巩固拓展脱贫攻坚成果同乡村振兴有效衔接，具有丰富的战略意涵，我们必须充分认识党中央决策的深远历史意义和重大现实意义。从全面脱贫到巩固拓展脱贫攻坚成果，再到实现巩固拓展脱贫攻坚成果同乡村振兴、建设新农村有效衔接有着内在联系及必然性。或者说，在巩固拓展脱贫攻坚成果的同时，要有序推进乡村全面振兴和新农村建设。脱贫攻坚是乡村振兴和新农村建设的基础和前提，而乡村振兴和建设新农村是脱贫攻坚的巩固和深化，两者既相互独立又紧密联系。有效衔接脱贫攻坚与乡村振兴、新农村建设，根本上是为了解决好发展不平衡不充分的问题，更好地满足人民日益增长的美好生活需要。

第一，要提升扶贫产业质量，走好产业兴旺之路。让农业成为有奔头、能致富的产业是推动乡村产业振兴的重要内容。只有紧紧扣住提升质量效益这个关键，才能真正实现产业振兴和产业富农的目标。贫困地区的产业发展要实现从产业扶贫到产业兴旺的转变，就要通过优化产业结构、延伸产业链条，进一步激发乡村发展的活力与巩固农村发展的成果，还要将脱贫攻坚中发展的一批产业融入乡村振兴战略之中，并把其打造成为现代农业高质量转型发展的支柱产业和富民产业。例如，脱贫攻坚以来，不少贫困山区贯彻"发展生产脱贫一批"的部署，大力推广经济作物种植，让许多贫困群众受益。乡村产业和扶贫产业的大发展，既推动了先进种植技术的推广，也为规模化生产、后续销售加工提供条件及可能。从产业链视角来看，做长做强农业产业链，有助于提升农产品附加值，并能从根本上改善产业效益。

由此看来，提升扶贫产业质量既是走产业兴旺之路的要求，更是坚持走中国特色现代化农业道路的体现。党的十八大以来，我国脱贫攻坚取得了前所未有的成就，但脱贫摘帽不是终点，而是新奋斗的起点。伴随着我国乡村经济社会不断发展和农民生活水平逐步提高，乡村社会文明程度和农民道德素质也要不断提升。我们应当在注重经济发展的同时，提升村民思想道德素养，营造文明乡风，实现乡村经济和文化的平衡发展。

第二，要推进美丽乡村建设，走共享生态宜居之路。美丽乡村建设是乡村振兴的重要内容，它既是优化农村居住条件和提高农民幸福指数的重要途径，也是改善生态环境和推进生态文明建设的重要载体。因此，要做到以下几点。一是要健全美丽乡村的建设规划，稳妥推进乡村的整合改造，真正做到用科学规划来引领，用绣花的工夫来建设，打造生态宜居的美丽家园。二是要加快改善农村生产生活环境，牢固树立"绿水青山就是金山银山"的理念，遵循乡村建设发展规律，巩固提升村容村貌，抓好村庄绿化亮化美化。尽量把生态资本变成富民资本，将生态优势转变为经济发展优势，以实现美丽乡村建设与经济高质量发展相得益彰。三是要坚持政府主导而不包办，充分发挥市场在资源配置和行为激励等方面的作用。四是既要推动乡村经济发展，又不能以牺牲乡村生态环境为代价，实现经济发展与环境保护相互促进。只有这样，才能将经济发展与生态文明建设有机融合起来，努力实现美丽乡村建设与经济高质量发展的目标。

浙江省推进的"千村示范、万村整治"工程实践，就是推进乡村振兴的经典案例，有许多地方值得学习和借鉴。对此，习近平总书记曾在2018年指出，浙江省15年间久久为功，扎实推进"千村示范、万村整治"工程，造就了万千美丽乡村，取得了显著成效。要结合实施农村人居环境整治三年行动计划和乡村振兴战略，进一步推广浙江好的经验做法，因地制宜、精准施策，不搞"政绩工程""形象工程"，一件事情接着一件事情办，一年接着一年干，建设好生态宜居的美丽乡村，让广大农民在乡村振兴中有更多获得感、幸福感。①因此，我们有理由说，绿色发展是发展理念的大变革，是实现中华民族永续发展的千年大计。按照产业兴旺、生态宜居、乡风文明、治理有效、生活富裕的乡村振兴总要求，坚持以绿色发展理念引领乡村振兴，将生态文明建设与乡村振兴工作有机协同，实现同频共振，既是绿色发展理念的乡村实践与创新，也是新时代推进乡村全面振兴的内在要求和关键支撑，更是深刻把握我国乡村特征和新时代乡村发展需求的必然选择。

第三，要完善乡村治理体系，走构建乡村新格局之路。当前，农村经济基础和社会结构正在发生前所未有的变化，农村生产方式正逐步走向现代化，农民的生活方式正从相对封闭走向开放，农村人口结构正在发生巨大变化，农村新的社会阶层正在从一元走向多元。在这样的社会历史背景下，我们要坚持以人民为中心的治理理念，建构多元协商、民主法治、公开透明、权责法定的现代化治理体系，促进农业现代化与新型城镇化、信息化、工业化同步发展。与此同时，要正确认识和把握我国乡村社会的历史性变迁，在乡村振兴战略背景下构建乡村治理体系，推进乡村治理创新和转型，提升乡村治理能力。乡村治理是社会治理的基础和关键，是国家治理体系和治理能力现代化的重要组成部分。党的十九大提出乡村振兴战略，并强调要健全自治、法治、德治相结合的乡村治理体系，这是我们党在新的历史方位对乡村治理作出的重要要求。因此，在乡村振兴战略背景下，从乡村社会所处发展阶段的实际出发，遵循乡村社会发展的规律，要着力构建以党的基层组织为核心，以村民自治组织为主体，以乡村法治为准绳，以德治为基础的乡村治理体系。与此同时，要加强基层党组织建设，构建乡村基层组织建设体系。乡村基层党组织是乡村治理体系的核心。

---

① 习近平：建设好生态宜居的美丽乡村　让广大农民有更多获得感幸福感。《人民日报》，2018年04月24日01版。

只有坚持党委的领导核心地位，建立起科学高效的乡村基层组织体系，乡村治理才会有坚强的领导力量。要构建乡村治理体系，必须根据新时代乡村社会发展实际和乡村治理需要，加强基层党组织建设，不断完善基层组织建设体系。随着乡村治理涵盖对象更广、治理目标更高、应对挑战更大，更要推进乡村治理体系和治理能力现代化，为推进乡村振兴奠定更加坚实的基层基础。

（二）从坚持高质量持续发展是乡村振兴的必然之路来看

党的二十大报告指出，高质量发展是全面建设社会主义现代化国家的首要任务，要坚持以推动高质量发展为主题。我国经济已由高速增长阶段转向高质量发展阶段，推动高质量发展是我国当前和今后一个时期的发展目标及思路。实施乡村振兴战略是我国建设现代化经济体系的主要任务之一，要坚持高质量发展，切实提升农业农村发展的质量效益，如此才能实现乡村振兴和可持续发展。乡村振兴战略是我国乡村全面提质发展的一个历史机遇，必须坚持走高质量发展之路。高质量发展重在建设美丽乡村，既要深入认识和领会乡村振兴战略提出的总体要求，又要全面提升农村人居环境质量，像打造艺术品一样打造乡村，使乡村环境更加优美，充满韵味和富有活力，真正成为人人都向往的好地方！

第一，高质量发展要着眼于农业农村农民优先发展。当前，我国最大的发展不平衡是城乡发展不平衡，最大的发展不充分是农村发展不充分，主要表现在以下两个方面：一是农业发展质量效益和竞争力不高，农民增收后劲不足；二是农民自我发展能力较弱，城乡差距依然较大。在这种情况下，我国实施乡村振兴战略，既有鲜明的目标导向，又有鲜明的问题导向。党的十九大报告明确提出，农业农村农民问题是关系国计民生的根本性问题，要坚持农业农村优先发展，将乡村振兴战略写入党章，强调乡村振兴的总方针就是农业农村优先发展。2019年，党中央、国务院以"坚持农业农村优先发展"为主题出台中央一号文件。2020年，党的十九届五中全会提出优先发展农业农村，全面推进乡村振兴。值得注意的是，从"农业农村优先发展"到"优先发展农业农村"的提法变化，反映出国家战略的变化，对此必须要有深刻的认识和理解。例如，以前是乡村振兴需要资源要求各地各部门优先保障，而现在是要求各地各部门主动拿出资源优先支持农业农村发展，支持乡村全面振兴。又如，2019年8月19日《中国共产党农村工作条例》正式施行，这是管全党的条例，是为实施乡村振兴战略保驾护航的条例，对不履行或者不正确履行农村工作职责的地方各级党政领导班子和主要负责人、中央和地方党政机关各涉农部门要问责。这些政策导向和现象的变化说明，党对农业农村现代化的要求更加迫切和强烈，从一定程度上说就是把优先发展农业农村从被动变为主动，从倡导变成要求。再如，加快农业农村现代化，必须提高农业质量效益和竞争力。我们要认识到在"十四五"期间，我国农业发展面临的外部环境会更加复杂多变，这就需要把高质量发展贯穿始终，守牢国家粮食安全底线，坚定不移推进农业供给侧结构性改革，推动农业提质增效，加快农业现代化。"三农"问题一直是我们全党工作的重中之重，粮食安全更是治国理政的头等大事，农业全面升级、农村全面进步、农民全面发展事关重大。尤其是要深刻认识到在我国改革开放取得巨大成就的同时，农业、农村、农民的发展相对滞后。农业是短板，农村是短腿，这既是中央的判断，也是现实的事实所在。高质量发展既要着眼于农业农村农民优先发展这个前提，又要充分体现我国乡村振兴战略的总体要求。

第二，高质量发展要着眼于城乡融合发展。城乡融合高质量发展的关键点，不仅要解决城乡经济增长放缓所引发的发展不充分问题，也要回应城乡发展不平衡影响共同富裕目标实现的问题。因此，高质量发展要在城乡融合发展的进程中准确把握新发展阶段，深入贯彻新发展理念，加快构建新发展格局，形成以工促农、以城带乡、工农互惠、城乡一体的工农城乡关系，不断缩小城乡发展差距。当前我国已到了加快推进城乡一体化发展的历史性阶段，主要表现为正在彻底打破城乡二元结构，走城乡融合发展之路。这是实现乡村振兴，满足人民日益增长的美好生活需要，实现城乡居民共同富裕的客观要求。我国的"十四五"规划和2035年远景目标强调，在健全城乡融合发展体制机制的过程中，要建立健全城乡要素平等交换、双向流动政策体系，促进要素更多向乡村流动，增强农业农村发展活力。城乡融合是城市与乡村在经济要素、空间规划、社会保障、文化生活、生态环境等全方位的统筹协调，应达到"各美其美，美美与共"的发展目标。城乡全面融合的实现将助力乡村全面振兴、全体人民共同富裕目标的实现。要按照推进新型工业化、信息化、城镇化、农业现代化同步发展的要求，坚决破除体制机制弊端，在资源要素双向流动的基础上，加强城乡功能连接，深化城乡专业化分工，加快形成工农互促，城乡互补，全面融合，共同繁荣的新型工农城乡关系，以乡村振兴化解城乡二元体制机制矛盾，形成城乡融合发展新格局。

第三，高质量发展要着眼于培育乡村产业振兴新动能。实现乡村振兴要立足高质量发展，培育壮大新动能。所谓"新动能"，是指新一轮科技革命和产业变革中形成的经济社会发展新动力，包括新技术、新产业、新业态和新模式。要发展新动能就要充分发挥本地区优势，不断探索，走出培育壮大新动能新路径。当前我国经济进入高质量发展的新阶段，加快培育壮大新动能已成为促进经济结构转型和实体经济升级的重要途径。在这种情况下，加快培育壮大新动能，科技起着举足轻重的作用，要做好质量兴农、绿色兴农、科技兴农的文章。产业振兴是乡村振兴的物质基础，没有产业支撑，农村各项事业发展就没有了依托，农民增收只能是一句空话。要把产业振兴作为乡村振兴的重中之重来抓，在人、钱、地等关键环节取得突破，全面激活主体、激活要素、激活市场，不断增强乡村产业振兴的动力和活力。在新的形势下，各地应充分利用大城市发展的空间优势，在现有乡村产业有序疏解整治和全面转型升级的基础上，不断培育新产业新业态，推动小城镇协调发展、农业绿色发展、乡村旅游充分发展，构建农村一二三产业融合发展体系。

（三）从推进全面深化改革是实现共同富裕的必由之路来看

实现共同富裕不仅需要经济发展提供丰厚的物质基础，而且需要公共政策更多贯彻公平正义的原则，这就意味着必须围绕社会主要矛盾的有效解决推进全面深化改革。推进全面深化改革是实现共同富裕的必由之路，必须将实现共同富裕的政治基础纳入全面深化改革的范畴。走向共同富裕要求以全面深化改革来增强我国政治体制的能力，只有强大的政治体制能力才能将广大民众凝聚成为一个整体，并成为我国实现共同富裕的关键支撑。

第一，推进全面深化改革是为实现共同富裕确定目标。改革开放以来，在我国经济快速增长的同时，人民并没有均等地享有发展成果，我国的贫富差距依然较大，这已成为当今社会经济发展的一种阻碍。在这种情况下，共同富裕既是长远目标，也是一项紧迫的现实任务，当下推进全面深化改革是为实现共同富裕确定目标。习近平总书记多次强调指出，全面深化改革，是解决中国现实问题的根本途径。党的十九大报告指出，全面深化改革取得重大突破，中国特色社会主义制度更加完善，国家治理体系和治理能力现代化水平明显提高，全社会发展活力和创新活力明显增强。新时期迈向共同富裕，需要推进全面深化改革以扫清前进障碍，进而更好地推进实现共同富裕目标。

第二，推进全面深化改革是为实现共同富裕进行变革。实现共同富裕，在很大程度上是对当前我国存在的贫富差距等问题进行调整。在中国特色社会主义新时代，全面深化改革是实现共同富裕的改革方式。只有通过改革，才能对已经形成的利益分配格局进行深刻调整，在历史进程中实现公平正义。要使发展变得平衡和充分，就必须破除体制机制中的一些深层次的阻碍，推进全面深化改革的战略布局。马克思认为，随着经济基础的变更，全部庞大的上层建筑也或慢或快地发生变革。政治体制是上层建筑的核心组成部分，上层建筑领域变革主要集中在政治体制的变革上，要以全面深化改革实现共同富裕，就要将政治体制纳入全面深化改革的范畴之内。党的十九大深刻把握党和国家事业历史性变革及其对组织结构和管理体制的新要求，就深化机构和行政体制改革作出重要决策部署。党和国家机构的改革是中国特色社会主义新时代的重大政治改革，是全面深化改革在政治体制上的集中体现，其目的就在于通过全面深化改革来塑造中国政治体制的强大能力。通过全面深化改革增强中国政治体制的能力，就是要提高中国政治体制在提升公共利益、改善公民福利、解决社会冲突等方面的效果，努力在发展中平衡阶层之间、城乡之间、区域之间的利益，进而更好地维护社会公平和正义，最终实现共同富裕。

第三，推行全面深化改革是为实现共同富裕解决障碍。我国历经40多年改革开放，创造了人类发展史上的伟大奇迹，使中国人民过上了幸福的生活。但是，改革开放过程中也逐渐产生了既得利益，阻碍了共同富裕目标的实现。在这种背景下，必须推行全面深化改革才能解决实现共同富裕过程中的障碍。以全面深化改革增强中国政治体制的能力，从而在有效解决中国发展和改革中存在的障碍基础上实现共同富裕，是中国特色社会主义新时代走向共同富裕的政治逻辑所在。强大的政治体制能力，将为党领导的治国理政提供至关重要的支撑，它是解答我国国家治理在过去取得巨大成功以及在未来能够不断改善的钥匙。将政治体制改革指向增强中国政治体制能力，充分彰显了全面深化改革的问题导向。

二、共同富裕是建设社会主义新农村的本质特征

在我国，消除贫困，改善民生，逐步实现共同富裕，是社会主义的本质要

求。而共同富裕的核心是使所有人能够共同参与发展，共同提高发展的能力，共同促进发展的水平，共同分享发展的成果，这是我国社会主义新农村的本质特征，也是中国共产党的重要使命。随着改革开放的不断深入，我国的社会主义新农村建设已经进入全面振兴发展阶段，但是，城乡之间还存在较大差异，尤其是城乡二元结构下的城乡收入差距。在这种情况下，我们要正确地认识乡村振兴和新农村建设中存在的问题，缩小城乡差距，促进农民增收，这样才能实现农民农村共同富裕。

（一）从共同富裕是科学社会主义的本质属性来看

共同富裕是科学社会主义的本质属性。在《共产党宣言》中，马克思和恩格斯明确指出，共产党人为工人阶级的最近的目的和利益而斗争，但是他们在当前的运动中同时代表运动的未来。马克思和恩格斯特别强调实现"人的自由而全面的发展"是共产主义社会的基本特征。马克思鲜明提出，未来新社会的显著特征就是生产将以所有的人富裕为目的。马克思主义理论不仅把实现共同富裕理解为一个历史过程和趋势，而且指明了实现共同富裕是社会主义革命和建设的根本目的。

第一，共同富裕是社会主义革命和建设根本目的。当代中国马克思主义是马克思主义中国化的光辉典范，是领导中国人民进行社会主义现代化建设的理论指导，缩小地区差距、城乡差距、收入差距，促进共同富裕是中国特色社会主义社会的本质要求。这不仅体现着社会主义事业的价值诉求，更彰显社会主义实践的本质取向。新中国成立后，我国有一段时间受到"左"的思想影响，在生产力和生产关系的问题上，只强调生产关系对社会发展的作用，没有把发展生产力作为第一位的任务。尤其是在"宁要贫穷的社会主义，不要富裕的资本主义"思想的影响下，人们思想上产生混乱，以致有些人对社会主义的目的模糊不清，甚至缺乏全面正确的认识。改革开放以来，我国总结历史的经验教训，充分认识到贫穷不是社会主义，平均主义也不是社会主义，全体人民共同富裕才是社会主义，我国的乡村振兴和新农村建设也在沿着共同富裕的方向发展。特别是在党中央的坚强领导下，2020年脱贫攻坚战取得全面胜利，这是一个伟大的成就和创举。

第二，共同富裕是要实现全体人民的富裕。社会主义的本质是解放生产力，发展生产力，消灭剥削，消除两极分化，最终达到共同富裕。社会主义要实现全体人民的共同富裕，是其区别于以往一切社会制度的本质所在。然而，共同富裕决不等于也不可能是完全平均，决不等于所有社会成员在同一时间以同等速度富裕；共同富裕作为一个历史过程，全体社会成员在共同富裕的道路上必然会有先有后、有快有慢，这是整个社会走向共同富裕的必由之路。改革开放以来，邓小平同志总结新中国建立后社会主义建设中正反两方面的经验，既强调发展生产力，又强调共同富裕。前者是手段，后者是目的。允许并鼓励一部分地区、一部分人先富起来，再影响和带动其他地区、其他人，逐步达到共同富裕的目标。允许一部分人生活先富起来，必然会产生极大的示范力量，影响左邻右舍，带动其他单位、其他地区的人们向他们学习。这样，就会使整个国民经济不断地波浪式向前发展，使全国各族人民都比较快地富裕起来。尤其是我国幅员辽阔，地区之间经济文化的发展极不平衡，自然条件也多不相同；劳动者之间存在着体力和智力的千差万别，每个劳动者面临的条件和机遇也不尽相同。所以，共同富裕需要逐步实现。共同富裕是全体人民共同富裕，是人民群众物质生活和精神生活都富裕，不是少数人的富裕。共同富裕贯穿于中国式现代化形成和发展的全过程，体现了中国式现代化的独特路径，是中国式现代化始终不渝的奋斗目标，也是中国式现代化道路的核心要义。中国特色社会主义强调以经济建设为中心，快速发展生产力，保障和改善民生，走共同富裕道路，完全符合马克思主义的理论和思想。

第三，共同富裕是以人民为中心的富裕。实现共同富裕必须始终坚持以人民为中心的发展思想，把最广大人民的根本利益作为一切工作的出发点和落脚点，使改革发展成果更多更公平惠及全体人民。共同富裕既体现以人民为中心的发展思想，又体现中国共产党的性质和宗旨。为中国人民谋幸福、为中华民族谋复兴，是中国共产党不变的初心和使命；带领人民走向共同富裕，实现全面发展，创造美好生活，是中国共产党始终不渝的奋斗目标。践行我们党的宗旨就要紧紧地团结和依靠人民，走共同富裕之路。一切为了人民、一切依靠人民，实现共同富裕要靠全体人民共同奋斗。坚持发展为了人民、发展依靠人民、发展成果由人民共享，促进全体人民共同富裕，是衡量党和国家一切工作的根本标准。

（二）从共同富裕是在生产力发达基础上才能实现来看

中国特色社会主义进入新时代，社会主要矛盾的变化让破解发展不平衡不充分问题变得更加紧迫，这要求我们必须坚持把解放和发展社会生产力作为根本任务。通过深化改革、创新驱动，不断提高经济发展质量和效益，生产出更多更好的物质和精神产品，切实满足人民日益增长的美好生活需要。共同富裕只有建立在生产力高度发达的基础上，才能够实现长远富裕、可持续富裕。我们在推进共同富裕的过程中，必须把壮大实体经济根基、提高劳动生产效率放在重中之重的位置，在高质量发展、竞争力提升、现代化先行中实现共同富裕。

第一，生产力高度发达才有共同富裕。生产力高度发达是社会主义高级阶段（共产主义）的基础。广义的共产主义分为社会主义与共产主义两个阶段，其中社会主义又可以分为初级阶段、中级阶段和高级阶段。共产主义是人类社会的最高境界，生产力高度发达，社会产品极大丰富，人民精神境界极大提高，劳动成为生活第一需要，消灭了三大差别。共同富裕是一个历史发展过程，是伴随着生产力高度发达而出现的一种社会经济现象，社会主义生产力的高度发达必然导向实现共同富裕目标，这也是发展生产力与实现共同富裕的因果关系。

第二，实体经济根基扎实才有共同富裕。实体经济是我国经济发展的根基，是推进全体人民共同富裕非常重要的着力点，要推动实体经济高质量发展，做大"蛋糕"。如果没有实体经济，就没有国家经济社会的持续健康发展，在这方面世界上很多国家都有过教训。18世纪英、德、美、法等国发生的生产过剩危机，主要是由资本盲目扩张和信贷过度膨胀造成的；1929年的美国经济大萧条，与当时市场炒作盛行、资本肆意流窜密切相关；20世纪90年代初日本经济大衰退，源于市场流动性过大，房地产市场和股市不断膨胀；20世纪90年代末爆发的亚洲金融危机，相当程度上是因有关国家实体经济虚弱所致。这些经验和教训昭示我们，必须处理好实体经济与虚拟经济的关系，而关键就是推动虚拟经济服务于实体经济。例如，中国社会科学院财经战略研究院曾主办过"促进实体经济发展、助力共同富裕"的研讨会，与会学者就数字经济促进实体经济发展、实现共同富裕的具体路径、机制、政策和实践等展开研讨。中国社会科学院财经战略研究院研究员李勇坚表示，数字经济降低社会交易成本，使实体经济在经济分配中所获的份额更多。数字经济通过公共服务为个体提供市场机会，改变生产分配模式、助力技术创新、提高就业质量，是促进实现共同富裕的重要路径。中国宏观经济研究院产业经济与技术经济研究所副所长姜长云认为，数字经济在培育新产业、新模式，提升产业链、供应链的现代化水平，赋能产业融合等方面可以发挥非常重要的作用。各方合力，全力筑牢共同富裕根基底盘，打造实体经济发展高地，全力推动经济"蛋糕"做大做强。

第三，高质量发展才有共同富裕。在新发展阶段实现高质量发展，既要着力落实共享发展理念，以改革开放发展的成果不断满足人民日益增长的美好生活需要；又要着力建设现代化经济体系，通过改革提高生产率、创新能力和竞争力，解决发展中存在的不平衡不充分问题。转向高质量发展阶段，坚持共享发展既要做大"蛋糕",也要分好"蛋糕"。这样,收入分配从以初次分配为主,逐步提高再分配的作用,转向初次分配、再分配、三次分配互为补充和协调配套,更加注重效率和公平有机统一。以坚持社会主义基本经济制度为前提,在做好初次分配的基础上做好再分配,实质性缩小收入和基本公共服务供给上的差距,同时倡导和鼓励自愿捐助、慈善事业、企业社会责任和志愿者活动,扩大三次分配的自觉性和作用范围。共同富裕是中国特色社会主义的本质特征,尽力而为和量力而行有机统一是促进共同富裕的重要原则。坚持这个原则有利于全面运用初次分配、再分配和三次分配这三个有效手段,通过深化改革促进共同富裕,把社会各方面的积极性和创新精神引导到共享发展的轨道上来。具体到浙江来说,肩负高质量发展建设共同富裕示范区的光荣使命,既是重大政治责任,也是前所未有的重大发展机遇,要坚决扛起责任、坚决完成任务。建设共同富裕示范区,就是要在浙江大地率先展现共同富裕美好社会的基本图景,让人民群众真切感受到共同富裕看得见、摸得着、真实可感,以浙江的先行探索为全国推动共同富裕探路。要按照"每年有新突破、5 年有大进展、15 年基本建成"的安排压茬推进,率先推动共同富裕理论创新、实践创新、制度创新、文化创新,不断形成阶段性标志性成果、普遍性经验,蹄疾步稳向共同富裕目标迈进。

(三)从共同富裕是物质富裕和精神富裕统一来看

共同富裕既要物质富裕,也要精神富裕,这样才是真正的富裕。共同富裕,不仅要"富口袋",更要"富脑袋"。物质富裕和精神富裕是共同富裕的两个方面,两者相互促进、缺一不可。我们必须坚持物质文明和精神文明两手抓、两手都要硬,在持续提高人民收入水平与生活水平的同时,把精神文明建设放在更加重要的位置,满足人民美好精神文化生活需求,以此推进共同富裕。

第一,物质富裕是共同富裕的基础。从我国的发展来看,共同富裕的目标首先是物质富裕，这是共同富裕的基础。虽然我们已经全面建成小康社会，但存在发展不平衡不充分的问题，有的地方相对落后。在这种情况下，仍然要把实现全体人民的物质富裕作为重要目标。当下，还是要用"富口袋"的方式和路径来发展富民经济，培育吸纳就业收入高、创新活力强、群众参与深的产业体系和生产方式，这也是"藏富于民"的根本所在。富民的重点在农村、关键在农民，必须坚持以市场为导向，持续深化产权制度改革，把农民手中的闲置资产盘活出来，把农村创业创新的活力调动起来，全面畅通农民增收渠道。只有这样，才能为全社会成员实现共同富裕奠定良好的物质基础。

第二，精神富裕是共同富裕的追求。我国已经全面建成小康社会，人的物质需要已经基本得到满足，但是更高层次的精神需要和更多元的文化需求也随之凸显出来，精神富足的内涵与内容会随着物质生活的丰富而不断提高。马克思主义认为，人的需求是多层次的，除了物质生活的需求，还有精神生活的需求。在实现共同富裕的过程中，人民美好生活需要日益广泛，不仅是对物质生活，对精神生活也提出了更高要求。因此，当下人们需要用"富脑袋"的方式来丰富文化生活、培养文化自信、提高文化认同，构筑全体人民共建共享的美好精神家园。只有物质需求与精神需求共同得到满足，物质富裕和精神富足共同实现，才能更好地推动人的全面发展、社会全面进步。共同富裕是全体人民的富裕，是人民群众物质生活和精神生活都富裕。我们推动共同富裕，除了需要推动人民物质生活共同富裕，也需要推动人民精神生活共同富裕。实现物质富裕，远不是共同富裕的全部内容，富裕还包括精神富足，精神富足是共同富裕的重要内容。

第三，物质富裕与精神富裕辩证统一。坚持物质富裕和精神富裕的统一，是实现全体人民共同富裕的目标。首先，物质条件是扎实推动共同富裕的坚实基础。马克思、恩格斯指出，当人们还不能使自己的吃喝住穿在质和量方面得到充分保证的时候，人们就根本不能获得解放。当前我国发展不平衡不充分问题仍然突出，城乡区域发展和收入分配差距较大，各地区推动共同富裕的基础和条件不尽相同，这在一定程度上制约了人们追求精神满足。2021年12月召开的中央经济工作会议就指出，既要不断解放和发展社会生产力，不断创造和积累社会财富，又要防止两极分化；先要通过全国人民共同奋斗把"蛋糕"做大做好，然后通过合理的制度安排把"蛋糕"切好分好，这是一个长期的历史过程，要稳步朝着这个目标迈进。其次，良好的精神环境是扎实推动共同富裕的有力保障。要强化社会主义核心价值观引领，加强爱国主义、集体主义、社会主义教育，发展公共文化事业，完善公共文化服务体系，不断满足人民群众文化需求。尤其是当下群众的精神文化需求更加丰富和多样化，公共文化服务需要与时俱进，要了解群众多元化、多层次、多方面的精神文化需求。要促进人民精神生活共同富裕，使物质文明与精神文明协调发展、共同进步，在扎实推动共同富裕中实现人民物质生活和精神生活的双丰富，实现物质富裕和精神富裕的统一。物质富裕和精神富裕是相辅相成的，既符合马克思主义基本原理，也体现社会文明进步与社会主义现代化的要求。精神富裕既为物质富裕提供价值引导和发展动力，也为物质富裕提供辩证唯物主义的理论根据。同时，精神富裕包含了正确的世界观、人生观和价值观，它不但是每个人奋发有为的精神指引，也为整个社会的物质文明建设注入强大精神动力。

三、共同富裕是建设社会主义新农村的根本要求

社会主义的本质，是解放生产力，发展生产力，消灭剥削，消除两极分化，最终达到共同富裕。共同富裕是全体人民通过辛勤劳动和相互帮助最终达到丰衣足食的生活水平，也是消除两极分化和贫穷基础上的普遍富裕。当下，生产发展是新农村建设的中心环节，是实现其他目标的物质基础。要实现乡村振兴，

就要对社会主义本质的科学论断有深刻认识，明确共同富裕是建设社会主义新农村的根本要求。

（一）从共同富裕是解放生产力和发展生产力来看

生产力是最活跃、最革命的因素，生产关系必须适应生产力的发展。生产力的解放与发展是实现共同富裕的前提条件。下面我们从三个层面来认识这个问题。

第一，关于解放生产力和发展生产力的概念。解放生产力和发展生产力是两个不同的概念，其内涵和外延是不同的。解放生产力，就是排除、克服、革掉生产力得以发挥发展的阻力、束缚、桎梏，为生产力的发挥发展创造良好的社会条件；发展生产力，就是通过激励、创新等方法，创造各种条件，引导生产力得到健康顺利的发展。前者主要是通过调整和改革生产关系来适应生产力的发展，为生产力的发展创造良好的发展环境。后者主要是强调必须重视发展生产力，只有加快发展生产力，才能发挥社会主义的优越性。

第二，解放生产力和发展生产力是社会主义的本质。社会主义的根本任务是解放生产力和发展生产力。从根本上说，这是由社会主义社会的主要矛盾决定的。当前我国社会的主要矛盾是人民日益增长的美好生活需要和不平衡不充分的发展之间的矛盾，只有解放和发展生产力，社会主要矛盾才能逐步得以解决。

第三，只有解放生产力和发展生产力才能共同富裕。实现共同富裕的前提是生产力的发展，我国改革开放的进程就是解放生产力与发展生产力的过程。社会主义建设和发展的历史证明，社会主义制度的优越性首先就在于能够解放和发展社会生产力，从而不断满足人民日益增长的美好生活需要，为实现共同富裕提供充裕的物质条件和雄厚的经济基础。共同富裕是全体人民最终达到富裕，但绝不是"同时富裕、同步富裕、同等富裕"，不是平均主义。平均主义既不利于解决和发展生产力，也不利于贯彻按劳分配的社会主义分配原则，更不利于实现满足全体人民美好生活需要的社会主义生产目的，是与社会主义本质要求格格不入的。我们要允许一部分人、一部分地区先富起来，先富的帮助后富的，从而逐步实现共同富裕。

（二）从共同富裕是消除两极分化和缩小三大差距来看

共同富裕是要消除两极分化和缩小三大差距，这也是我国发展生产力的目标。我们党之所以具有强大的吸引力、凝聚力、号召力，有效地团结广大人民群众积极主动、不畏艰难地从事社会主义事业，并取得一个又一个伟大胜利，其重要原因就在于把握住了共同富裕这一社会主义革命和建设事业的根本目的与远大目标。解放生产力和发展生产力，消除两极分化和缩小三大差距则是达成这一目标的途径和手段。

第一，只有消除两极分化和缩小三大差距才能达到共同富裕。消除两极分化和缩小三大差距，最终达到共同富裕，是中国特色社会主义理论的重要内容。要用实际行动维护社会的公平正义，关键要健全社会主义法律和制度，创建能体现社会主义本质特征、能逐步消除两极分化和缩小三大差距的分配方式和制度。只有这样，才能最终达到共同富裕。

第二，消除两极分化和缩小三大差距反映中国特色社会主义本质。从社会主义的发展目标出发，要特别强调消除两极分化和缩小三大差距，最终达到共同富裕。从生产关系反映社会主义的本质来看，社会主义不仅要创造出比资本主义更高的劳动生产率，而且在如何分配社会财富方面，与资本主义有着更为本质的原则区别。社会主义发达的生产力最终达到共同富裕，是由社会主义国家的性质所决定的。

第三，消除两极分化和缩小三大差距是实现共同富裕的途径。消除两极分化和缩小三大差距是实现共同富裕的方法和途径。改革开放40多年来，尽管收入差距有所扩大，但已经基本消灭绝对贫困现象，低收入群体的平均收入水平大幅度提高。当前及今后相当长一段时期，制约我国共同富裕取得实质性进展的首要因素依然是生产力发展水平所决定的经济发展水平，需要破解的主要难题是缩小城乡、区域、收入三大差距。坚决防止两极分化，自觉主动解决三大差距，促进社会公平正义，是实现全体人民共同富裕的途径。

（三）从共同富裕是社会主义的根本原则来看

共同富裕是生产力发展的要求和巨大动力。在社会主义建设过程中，既强调发展生产力，又强调共同富裕，前者是手段，后者是目的。社会主义阶段的最根本任务就是发展生产力，推动共同富裕有利于调动各方面的积极性，促进社会生产力的提高。

第一，共同富裕是中国特色社会主义重要内容和根本目的。高度的物质文明和高度的精神文明，既是我国现代化国家建设的重要目标，也是共同富裕的主要内容。只有坚持共同富裕，才能促进全国安定团结，保持社会稳定。共同富裕是社会主义的本质规定和奋斗目标，也是我国社会主义的根本原则。要在建设高度物质文明的同时，提高全民族的科学文化水平，发展高尚的丰富多彩的文化生活，建设高度的社会主义精神文明。物质生活的富裕，精神文化生活的丰富，人的自身文明素质的提高，这几方面有机结合，才能构成社会主义共同富裕的鲜明特征。

第二，共同富裕是社会主义根本原则和制度优越性的表现。党的十八大报告指出，共同富裕是中国特色社会主义的根本原则，深刻阐明了在推进中国特色社会主义事业中，必须坚持共同富裕的价值追求与原则导向和实践要求。这是由社会主义本质所决定的，也是社会主义区别于以往所有剥削制度的重要标志。在以私有制为基础的剥削制度下，极少数人占有全社会的绝大部分生产资料，而占人口绝大多数的劳动人民则处于被剥削被奴役的悲惨境地。而社会主义制度是劳动人民当家作主、共同占有生产资料、共同创造和享有物质财富的制度，共同富裕体现了社会主义根本原则和制度优越性。

第三，共同富裕是中国特色社会主义的本质要求。我们要实现共同富裕，就必须毫不动摇地坚持社会主义制度，坚持公有制的主体地位，坚持科学发展，大力改革创新分配制度，调整国民收入分配格局。共同富裕是社会主义的本质要求，也是中国特色社会主义的根本原则，遵循共同富裕原则，就能把握住构建社会主义和谐社会的关键，体现和谐社会的价值取向是公平与公正。这也是我们研究共同富裕与乡村振兴理论的目的和意义所在。

通过以上分析，我们认识到解放生产力和发展生产力是实现共同富裕与乡村振兴的根本保证，而新农村建设与美丽乡村发展是共同目标。

Chapter 5

第五章

共同富裕与乡村振兴的规律性

习近平总书记指出，共同富裕是社会主义的本质要求，是中国式现代化的重要特征。……促进共同富裕，总的思路是，坚持以人民为中心的发展思想，在高质量发展中促进共同富裕。……促进农民农村共同富裕。[①]从我国的国情来看，实现共同富裕，关键在农村，重点在农民，核心在产业。要实现共同富裕，既要研究乡村振兴与共同富裕之间的内在联系，更要探索共同富裕与乡村振兴的规律性。尤其是在实现高质量发展，全面推进乡村振兴，扎实推动共同富裕的新阶段，深入观察和研究共同富裕与乡村振兴的规律性，具有重大现实意义。

实施共同富裕与乡村振兴，既是我国改革开放发展的产物，也是我国社会经济进入高质量发展阶段的必然规律。我们从一个全新视角和维度，提出共同富裕与乡村振兴的规律性，并且把其概括和表述为：共同富裕与乡村振兴的变革发展规律，共同富裕与乡村振兴的生态发展规律，共同富裕与乡村振兴的共享发展规律。这不仅是对共同富裕与乡村振兴发展的理论探索，也是对新时期社会经济发展趋势的积极探索。

一、共同富裕与乡村振兴的变革发展规律

从共同富裕与乡村振兴战略的发展深度观察和分析，生产力发展与生产关系同步变革，传统农业与智慧农业互动变革，农村要素市场与农村资源配置变革，呈现出发展的客观规律性。我们要正确认识和利用共同富裕与乡村振兴的

---

① 习近平：扎实推动共同富裕。《人民日报》，2021年10月16日01版。

变革发展规律，为我国社会经济高质量发展注入新的动力。

（一）从生产力与生产关系同步变革来看

党的十九大报告指出，经过长期努力，中国特色社会主义进入了新时代，这是我国发展新的历史方位。我国社会主要矛盾已经转化为人民日益增长的美好生活需要和不平衡不充分的发展之间的矛盾。这是自 1981 年以来，首次改变对我国社会主要矛盾的表述。对社会主要矛盾作出新判断是中国特色社会主义发展到一定阶段的深刻总结，也是党的十九大的重大理论创新和历史贡献。正确认识和把握这个新的重大政治论断，对于深刻理解当前我国生产力与关系发展和变革具有重要意义。

第一，要发展生产力与变革生产关系。生产力和生产关系与经济基础和上层建筑的矛盾运动是社会发展的基本规律，但是，在不同社会或同一社会的不同阶段，矛盾性质及运动表现形式是不同的。例如，在实现共同富裕与乡村振兴的过程中，在生产力与生产关系这对矛盾中，发展生产力是实现共同富裕与乡村振兴的主要矛盾。实现共同富裕是社会主义的本质要求，发展生产力，变革适应新阶段发展的生产关系是一项主要任务。要实现共同富裕，就要掌握乡村振兴与共同富裕之间的内在联系，认识到乡村振兴是实现共同富裕的主要矛盾，只有实现乡村振兴，才能谈得上共同富裕。只有发展生产力，才能实现乡村振兴；只有变革生产关系，才能实现共同富裕。

第二，要完善经济基础与改革政策制度。为了夯实坚持和完善农村基本经营制度、构建乡村振兴政策体系的基本土地制度基础，2019 年 12 月，《中共中央 国务院关于保持土地承包关系稳定并长久不变的意见》（简称《意见》）正式发布。这是做好新时期"三农"工作的一个重要举措，为深入推进乡村振兴战略夯实了制度基础。《意见》指出，在农村实行以家庭承包经营为基础、统分结合的双层经营体制，是改革开放的重大成果，是农村基本经营制度。这个基本制度是农村改革成功的关键和取得巨大成果的法宝。我国乡村振兴战略实施的过程，就是巩固加强农村基本经济制度，合理配置制度资源，有效构建政策体系的过程。而要处理好人地关系，解决好长久以来困扰农业经营与产业融合的农村人地矛盾问题，就要建立城乡融合发展的体制机制和政策体系，促进城乡各种要素自由流动和平等交换。保持土地承包关系稳定并长久不变，就是为破解这个矛盾所作出的制度选择，是有利于发展乡村产业，实现产业兴旺的制度创新。同时，保持土地承包关系稳定并长久不变，对于保证农民的基本权利，维护农民的基本利益将起到积极的作用。这既是社会主义制度优越性的体现，也为乡村社会稳定奠定了坚实的基石。

第三，共同富裕与乡村振兴是一场社会变革。共同富裕与乡村振兴是一场深刻的社会变革，是推动人民群众实现更高质量更高品质美好生活的进程。实现共同富裕是一场以缩小地区差距、城乡差距、收入差距为标志的社会变革，它的原生动能是大力发展生产力、不断提高资源利用效益和效率。从脱贫走向乡村振兴、共同富裕，推动经济生态化和生态经济化协同发展，服务城乡协调发展和乡村振兴，是驶向共同富裕的高速车道。2018 年 9 月，中共中央、国务院印发《乡村振兴战略规划（2018—2022 年）》，指出实施乡村振兴战略是建设现代化经济体系的重要基础。实施乡村振兴战略，深化农业供给侧结构性改革，构建现代农业产业体系、生产体系、经营体系，实现农村一二三产业深度融合发展，是为建设现代化经济体系奠定坚实基础。统筹推进农村经济建设、政治建设、文化建设、社会建设、生态文明建设和党的建设，加快推进乡村治理体系和治理能力现代化，加快推进农业农村现代化，充分体现了共同富裕与乡村振兴是一场社会变革的缩影。

（二）从传统农业与智慧农业互动变革来看

共同富裕与乡村振兴是一个长期和系统的工程，既不是多维目标的同步实现，也不是所有农村同步实现共同富裕和振兴，而是要遵循一定社会经济发展规律进行。在我国广袤农村大地上蓬勃发展的智慧农业特色村，因为鲜明的产业特色、较高的经济社会发展水平以及良好的生态、文化等乡土属性，有条件成为率先实现农业农村现代化和农民农村共同富裕的示范引领力量。

第一，从传统农业走向现代农业的变革。农业与人类息息相关，是最早与人类结缘并始终与人类相伴随的产业。农业是古老的，传统的，悠久的；也是最有生命力的，不断现代化的。随着我国经济的发展，农业的发展模式也悄然发生着变革，从传统农业逐渐发展成为现代农业。传统农业是比较原始的自给自足农业模式，以产量最大化为生产目标，而现代农业则以利润最大化为生产目标。改革开放以来，我国对"三农"问题认识，经历了从"农业现代化"到"农业农村现代化"的深化过程，逐步突破了"农业现代化"以产业为导向的"三农"发展模式，丰富了对农村现代化的综合特征以及农业生产、生态、文化、社会等多功能价值的认知体系。例如，自家庭联产承包责任制实施以来，农业生产经营体系经过深刻变革，通过发展生产者协会、农民经济合作组织等，推广"龙头企业＋农户""龙头企业＋农民合作社＋农户"等新型农业产业化模式，推动形成了专业化、规模化、市场化特色农业经营体系。

第二，从特色农业走向生态农业的变革。优势特色农业的形成，是对城市进行工业品生产、农村进行粮食生产传统分工形态的第一次分工深化，加快了农村地区由传统种植业向高效特色农业的结构性变革。特色农业的发展，不仅促进农村经济增长，也为长期从事粮食生产的农民拓展新的就业空间和增收空间。优势特色农业的专业化规模化发展，促进传统小农进入专业经济、规模经济的发展轨道。特色经营农户不仅可以获取内部规模经济的好处，也因为共享基础设施、统一市场以及地区品牌等公共建设，可分享外部规模经济收益。再加上乡村特色产品明显高于粮食作物的经济回报率，特色农业的收入效应显著。

而特色农业向生态农业的变革，既同步持续推动优势特色农业生态化，也强化资源节约型、环境友好型技术创新，特别是通过应用绿色技术、减少化学投入品和资源投入以及废弃物的资源再利用等途径，改造传统农业生产方式和修复被破坏的生态环境。生态农业不仅是一种生产方式，也是一种回归自然的生活方式。

第三，从科技农业走向智慧农业的变革。随着我国现代科技的迅速发展，科技越来越成为农业发展的重要推力。我们不仅要重视农业发展，还要合理运用科技将农业智慧化。随着互联网的发展和进步，智慧农业将成为未来农业一个新的形态。所谓智慧农业，就是把物联网技术与传统农业相结合，通过传感器和各种移动平台对农业生产活动进行控制。智慧农业除了可以精确感知、控制与管理农业生产外，从广泛意义上说，还包括农业电子商务、农业休闲旅游、农业信息服务等方面的内容。在我国，农业智能化已日渐成为现代农业发展的新方向，特别是随着我国农业人口数量的减少以及科技的发展，加速农业现代化进程，推动农业转型升级，实现智慧化发展，已经成为国家主要关注的重点。智慧农业对共同富裕和乡村振兴将起到"推波助澜"的作用，成为乡村振兴的发展路径之一。在人工智能、5G网络、物联网、区块链等前沿技术持续商用的情况下，智慧农业有望在未来5至10年内迎来快速普及。近些年来，智慧农业发展进程明显加快。一方面，以人工智能为代表的新一代信息技术与农业领域的融合应用越发密切，尤其是对农业监测、数据收集与利用、生产过程指导与分析等提供了重要帮助；另一方面，植保无人机、农业机器人等新式科技产品的应用，极大提升农业生产效率和产量规模。未来10年，智慧农业前进步伐将会继续提速，展现出更加明显的发展趋势。2019年以来，国家发布了《数字乡村发展战略纲要》《数字乡村发展行动计划（2022—2025年）》《数字农业农村发展规划（2019-2025年）》《数字乡村建设指南1.0》《数字乡村标准体系建设指南》等一系列政策文件，对全国数字乡村、数字农业工作作出了重要部署，促进信息红利在农村地区加速释放，为乡村全面振兴提供新型驱动力量。从农业农村数字化、网络化、智能化的融合发展趋势来看，智慧农业正在引领着农业领域的革命。

（三）从农村要素市场与农村资源配置变革来看

深化农村要素市场与农村资源配置改革，是加快完善社会主义市场经济体制的内在要求。改革开放40多年来，我国农村持续推进市场化改革，要素市场化配置改革取得长足进步。但是，由于农业农村市场化改革主要侧重于产品市场，相比之下，要素市场化配置改革进程相对滞后。要素市场化配置范围相对有限，要素流动存在体制机制障碍，不仅会制约农业农村现代化进程，还会对工业化和城镇化带来不利影响。加快完善社会主义市场经济体制，充分发挥市场配置资源功能，必须加快补齐农村要素市场化配置短板。

第一，农村资源要素配置变革理由。改革开放以来，大量优质资源要素不断从农村涌向城市，有力地推动了我国的城镇化进程，但也使不少地方乡村发展出现"凋零"问题。进入中国特色社会主义新时代之后，乡村振兴战略已经成为做好"三农"工作的总抓手。要全面推动乡村振兴战略，就要在产业、人才、文化、生态、组织等方面做好制度性安排。加快乡村振兴不仅需要自力更生，也需要引导优质的资源要素从城市向乡村流动。只有通过要素市场化配置变革，才能激活资源资产，促进要素充分流动，加强产权保护，并通过市场机制实现资源价值交换。当下我国农村有大量"沉睡"的资源资产，利用率普遍不高，与农村要素市场化配置要求差距较大。而要突破这一困境，重要的还在于解决"两地一权"问题。"两地"是指承包经营地和宅基地；"一权"是指保障城市"新市民"原来在农村中的合法权益。首先，从土地承包经营权的市场化配置来看。根据民法典规定，允许土地承包经营权用作抵押物获得金融支持。目前，国家正在探索全面推进农村集体经营性资产股份合作制改革，大力发展新型农村集体经济，推动农村集体经营性建设用地入市，增加农民财产性收入。其次，从深化农村宅基地制度改革来看。"十三五"期间，农村宅基地制度改革取得了一些进展，如明确农民宅基地使用权可由城镇户籍子女继承。目前正在稳慎探索推进农村宅基地制度改革，要点还是市场化配置与合理流动问题，也就是宅基地充分具备资产的要素功能。再次，从户籍制度的深入改革来看。农村户籍和城市户籍的窗户纸已经被捅破，城乡融合是一个必然趋势，但在促进农村要素市场化配置的同时，还是要充分强调保障进城落户农民土地承包权、宅基地使用权、集体收益分配权等。

第二，农村要素市场化变革方法。短期内要实现城市资源要素向农村流动，无法完全规避长期以来形成的制度壁垒等问题，因此需要通过制度性供给来矫正市场，引导资源要素向农村流动，加快实现乡村振兴，进而实现共同富裕。一是要进行规划引领和体制机制创新。乡村振兴必须做好战略规划，在战略规划中必须坚持高质量发展、农业农村优先发展、城乡融合发展等重大战略导向。而体制机制创新要更多把关注点转向城乡之间的融合渗透、良性循环和功能耦合上，切实推动城乡融合发展。二是要完善土地合理流转保障"三权"利益均衡。深化农村改革，完善农村基本经营制度，就要深入研究农村土地所有权、承包权、经营权三者之间的关系。土地是农村的宝贵资源，但随着工业化与城镇化深入推进，农村劳动力大量转移进城。因此，要着重加强集体所有权、农户承包权、土地经营权"三权分置"并行的权利保障。三是要着重改善农村基础设施与环境。要引导资源要素向农村流动，关键是要降低资源要素进入农村的成本，而农村基础设施和环境的改善修复与提档升级是降低进入成本的重要举措。四是要激活农民参与乡村振兴的内生动力。农民是乡村振兴的主体，又是受益者，必须要把亿万农民群众的积极性、主动性、创造性调动起来。五是支农惠农政策精准聚焦产业发展。目前全球农业产业基本都是依靠政府的重点支持，我们可以借鉴其他国家好的做法。例如，欧盟共同农业政策是欧盟共同政策长期坚持的重要基础，农场主的平均收入有60%来自政府的支农补贴，其余来自农业的经营收入。因此，在加大支农惠农政策力度的基础上要聚焦农村优势产业发展。六是加快乡村振兴步伐，引导资金技术人才向农村流动。目前农村发展最缺乏的仍然是资金、技术和人才，需要在更大规模、更广范围、更加持续地引导资源要素向农村流动。

第三，农村要素市场化变革方向。从我国农村要素市场化配置改革的经验来看，深化要素市场化配置改革就是要改善资源配置方式，消除束缚市场主体活力、阻碍市场和价值规律充分发挥作用的弊端，重点是要做好资源要素盘活和流动。一是"盘活"资产资源，促进要素市场充分发育。要素市场化配置就是要把过去的"死资产"，不能够进行交易、无法进入市场的资源资产，通过改革的手段进行盘活，推动这些资产进入市场，使价值得以实现。深化农村要素市场化配置改革和变革，就是要牢牢把握盘活资产资源这个基本方向。二是促使资产资源"流动"，提升要素配置效率。要推动资产资源自由流动，促进要素从低收益区域向高收益区域流动，实现要素配置效率改善和提高。

二、共同富裕与乡村振兴的生态发展规律

实现共同富裕与乡村振兴一定要遵循生态发展规律。破解农村农业发展之困，建设发展农村各项事业，需要依托产业发展；在产业发展的同时，要守护好生态化"灵魂"，生态化是实现产业经济效益、社会效益、环境效益有机统一的根本途径。要以生态化为核心构建农业现代化指标体系，支持和鼓励农民就业创业，拓宽增收渠道，为实现共同富裕助力。

（一）从生态农村与产业融合发展来看

生态农村是指运用生态学与生态经济学原理，遵循可持续发展战略，通过农村生态系统结构调整与功能整合、农村生态文化建设与生态产业发展，实现农村社会经济的稳定发展与农村生态环境的有效保护。生态农村是可持续发展的一种理念展示，实质上是为保证经济和生态的可持续发展。必须把促进农村一二三产业融合发展作为根本途径，把加工业和休闲旅游作为融合的重点产业，把创业创新作为融合的强大动能。

第一，农村生态经济的产业化。要使农村生态经济产业化，必须进一步解放思想、更新观念。要把发展生态经济作为一项重大发展战略，确立生态经济发展目标和思路，实现资源开发与资源培植相结合，生态建设与经济发展相结合，实现经济效益、生态效益、社会效益的协调统一，创立生态经济的发展模式。根据我国国情，发展生态林业、生态农业、有机食品工业、生态建筑及材料产业、生态旅游业和环境保护产业等。这些产业的发展不仅将有力地推动生态经济的发展，提升经济竞争力，而且还有利于扩大就业。我们要在尽量少破坏生态环境的前提下，加强基础设施建设，建设绿色通道，发展生态交通，为生态经济发展提供支撑和依托，使生态经济与基础设施相互促进。

第二，生态农业的现代化。现代生态农业是一种可持续发展的农业模式，对乡村振兴意义重大。党和国家的农业发展路线和方针，清晰地指明了农业生态化发展的方向。过去，单纯注重经济效益的发展模式，对环境、生态和资源的重视不够，造成水土流失、土壤沙化、空气土壤污染、能源浪费等一系列问题，被事实证明是不可能持续和长久发展的。现在强调农业农村的现代化，必须坚持生态与发展和谐统一，不能以破坏生态环境与资源为代价来发展农业。发展生态农业有助于保护和改善生态环境，防治污染，维护生态平衡，提高农产品安全性，增强农业发展后劲，加快推进农业农村现代化发展步伐。农业农村现代化是实施乡村振兴战略的总目标，生态农业的蓬勃发展将助力广大乡村实现产业兴旺、生态宜居、乡风文明、治理有效、生活富裕的美好未来。我们要坚持农村生态化与农业农村现代化一体设计、一并推进，实现农业大国向农业强国跨越。

第三，农村城镇化的生态环境保护。农村城镇化是我国经济社会发展的必然趋势，城镇化建设有效推动了地区经济社会的发展，但也造成了农村生态环境的危机。农村城镇化的发展能够带来一定的生态增殖效应，但由于城镇化所带来的资源配置改变、人口聚集以及产业结构调整，也不可避免地产生了生态胁迫效应。尤其是随着工业化、新型城镇化进程的快速推进，我国城镇化水平显著提高，城镇生态环境建设明显加快，一些污染企业就布局到广大的农村地区，工业污染等问题向农村地区蔓延，并且呈现出立体化态势。同时，农村改革开放以来，我国农业生产取得了举世瞩目的成效，但基于大量化学投入品的农业生产方式，对水土资源造成了极大的压力，使其长期处于被"剥夺"的状态，也对其造成了愈来愈严重的污染。相对于城镇生态环境建设而言，我们对农村生态环境问题的重视相对较晚，导致农村生态环境恶化，严重污染农业生产的生态资源，影响农村居民的生活环境。这不仅对确保农产品质量安全、实现农业可持续发展造成影响，也对健康乡村、美丽乡村建设构成严峻挑战。在农村城镇化的过程中，要统筹城乡生态环境治理，着重加强农村环境综合整治，城乡建设全面实现绿色发展，实现美丽乡村、美丽中国建设目标。

（二）从农村经济与生态环境协调发展来看

我国是一个农业大国，近些年来农业发展取得了显著的成就，但是在发展中也产生了一些环境问题，极大影响农业与环境的协调可持续发展。党的十九大提出"树立和践行绿水青山就是金山银山的理念""建设美丽中国"的号召，这充分体现党和国家对保护生态环境的重视，我们要像对待生命一样对待生态环境，积极推动农村经济和生态环境协调发展。

第一，要大力发展循环经济。循环经济理念的产生和发展是人类对人与自然关系深刻反思的结果，也是人类社会发展的必然选择。自工业革命以来，人类在创造巨大物质财富的同时，也付出了巨大的资源和环境代价。人类社会要不断前进，经济要持续发展，从客观上就要求转变增长方式，探索新的发展模式，减少对自然资源的消耗和对生态系统的破坏。循环经济就是在这样的背景下产生的。从当下我国农村的实际情况来看，为了促进农村经济和生态环境协调发展，要对农村经济产业进行有效优化，支持和鼓励发展循环经济，提高资源利用效率，减少资源消耗和废弃物产生，推进碳达峰碳中和，实现循环发展的生态模式。

第二，要不断提升农业科技能力。农村经济、生态环境与科技之间息息相关，只有提升农业科技水平才能做优做强农业企业和农业产业，有效促进农村经济和生态环境的协调发展。例如，只有用科技发展农业，才能提高农产品的品质，减少农药和化肥的使用，推广绿色化肥、生物化肥。又如，利用现代化的科学技术手段，采取农业新型灌溉技术，可以节约水资源，并提高灌溉效率。同时，循环经济也受到生产力技术水平的影响，要进行以知识创新、技术进步和管理升级为核心的科技创新活动，推动循环经济发展与可持续战略的实施和推进。既要构建科技创新生态系统，推动循环经济协调发展，又要构建绿色科技创新体系，完善科技创新产业研发链条。只有这样，才能保护人类健康和生态环境，促进经济、社会、环境可持续发展，有利于人与自然和谐共生。

第三，要加大农村生态环境保护资金投入。农村生态破坏的种种症状，不能简单地归咎于农民的素质问题。就像很多农村地区水体、空气污染，主要破坏源并非农民，而是那些乡镇企业或者工业企业，是由于其污染处理设备不达标造成的。从城市进化的历史来看，农村环保观念落后，更多还是投入不足的结果。农村基础设施落后，没有像城市一样的污水处理系统，农民家庭当然不可能装上现代化的排污管道；没有集中化的垃圾收运处理站，四处倾倒垃圾的习惯自然难改。要更好地保护农村生态环境，除需要农民养成良好的环保习惯外，也需要多方筹措资金支持农村生态环境保护，政府增加对农村生态环境保护的资金投入，多渠道吸引社会资金参与农村生态环境保护。

（三）从数字农村与农村生态赋能发展来看

随着数字化时代的到来，许多城市已经开始数字化转型，将城市的运行、管理方式从传统的手工操作转向数字化和智能化，极大地改善了城市的各项基础设施和公共服务。相较而言，农村的信息化和数字化存在明显差距。在这种情况下，要缩小城乡差距，使农村跟上发展进程，就要让数字农村赋能乡村振兴。当前数字技术已经在经济社会各领域得到广泛应用，不断催生新产品、新模式、新业态，成为推进现代化建设的强大动力。伴随新一代数字技术在我国农业农村经济社会发展中的应用以及农民现代信息技能的提高，数字农村建设将为乡村振兴与农业农村现代化发展注入新动能和新活力。数字农村的发展，将通过现代信息技术和大数据、互联网、智能化、区块链等手段，对农村经济社会的运行和发展进行赋能。数字农村是对数字革命的适应和创新过程，是农村对数字技术与数字业态的应用和创新的过程。

第一，农村生态农业数字化。以先进信息技术为核心的数字经济，代表了当今科技革命和产业变革的方向。着力推动生态农业和信息技术融合发展，要以数据资源为关键生产要素、以新一代信息网络为载体、以全要素数字化转型为推动力。融合发展是以数字技术应用为主要特征的生态农业经济新形态，也是生态农业与信息技术集成创新的扩散效应、数据和知识的溢出效应、数字技术释放普惠效应交互作用的新兴产业业态，能为推动科技兴农与生态农业协同发展提供新契机和增长点。以数字经济赋能高效生态农业发展，就要尽快发展数字生态农业。数字生态农业涉及遥感、全球定位系统、计算机技术、网络技术、自动化控制等高新技术，并与地理学、农学、生态学、植物生理学、土壤学等基础学科有机结合。做好数字生态农业规划，科学设计生态系统，合理规划生态农业产业，构筑科学合理的生态农业产业链，能有效推动农业生态系统不断优化，促进绿色发展。同时，就基础设施建设而言，应该因势利导加快补齐农村数字公共服务体系建设短板，不断完善农村通信、冷链物流等相关基础设施，完善乡村的生产性服务体系，打造数字生态农业"云平台"，利用数字化手段助力乡村生态经济振兴。

第二，农村生态农业智慧化。农村生态农业智慧化是通过使用各种自动化、智能化、远程控制的生产终端设备，实现实时定量"精确"管理，提高农业生产效率，推动农业生产从以人力为中心、依赖孤立机械的生产模式，逐渐转向以信息和软件为中心的生产模式。这不仅有助于推动现代农业发展，更有利于保证农产品的质量安全，让农业生产更加精细、更加自动化。例如，在大棚或农业用地中，只要配置大量节点，就可以实现全方位无死角实时检测。这些传感器采集信息，传送给网络数据库，利用远程控制终端系统，就可以随时了解分析生产大棚内的温度、湿度及作物长势等。在管理系统中心，农作物的土壤湿度、环境温度、二氧化碳浓度等可随时掌控。同时可以进行远程自动或手动操控，对作物生产进行调控，使农作物生长条件达到最适宜水平，从而达到农作物生产增产增收的目的。

第三，农村生态农业网络化。"互联网＋农业"是利用信息通信技术以及互联网平台，让互联网与农业生产进行深度融合，创造新的农业发展生态和业态。充分发挥互联网在农业资源配置中的优化和集成作用，将互联网的创新成果深度融合于农业领域之中，提升农业的创新力和生产力，形成更广泛的以互联网为基础设施与实现工具的经济发展新形态。"互联网＋农业"是一种生产方式、产业模式、经营手段的创新，对农业的生产、经营、管理、服务等产业链产生深远影响，为农业现代化发展提供新动力。以"互联网＋农业"为驱动，有助于发展生态农业、智慧农业、精细农业、高效农业、绿色农业，提高农业质量效益和竞争力，实现由传统农业向现代农业的转型。

三、共同富裕与乡村振兴的共享发展规律

推动共同富裕与乡村振兴，就是让广大人民群众共享改革发展成果，体现社会主义的本质要求。共享发展是新发展理念的重要内容，集中体现了逐步实现共同富裕的要求。共享发展与共同富裕的要求是高度契合的，是以人民为中心的发展思想的重要体现。探索共同富裕与乡村振兴的共享发展规律，深刻认识和把握共享发展，才能在新的征程上有力推进乡村振兴和实现共同富裕。

（一）从先富与后富共享发展来看

共同富裕是全体人民的富裕，不是少数人的富裕，实现共同富裕，离不开"先富带动后富"的有效路径。"先富带动后富"是实现共同富裕的重要路径之一，充分体现效率与公平的辩证法。既要鼓励"先富"，激发发展活力；也要带动"后富"，体现社会公平。

第一，从平均主义到先富是一个进步。从平均主义分配到鼓励一部分人、一部分地区先富起来，是中国特色社会主义分配制度的一大进步。在计划经济时代，平均主义是社会主义的一个标签，表现在观念上主要是人为地缩小、拉平和消灭地区和个人之间的差距，表现在制度上主要是推行"铁饭碗""大锅饭"的制度。这种平均主义抑制了人民群众的积极性和创造性，束缚了生产力的发展。后来邓小平同志总结经验教训，提出平均主义不是社会主义，要允许一部分人、一部分地区通过诚实劳动合法经营先富起来。党的十一届三中全会之后，党和国家的工作重心逐渐转移到经济建设上来，破除平均主义的思想观

念极大地调动了人们的生产积极性，提高了劳动生产率，使人们初步认识到让一部分人先富起来的意义。"先富思想"承认人与人存在客观上的差异，使一部分人先富裕起来，可以在合理的社会差异范围之内以差距刺激和带动另一部分人。

第二，从先富到后富是一个跨越。"先富"是帮助实现"后富"的过程和手段，最终目的是实现共同富裕。我国走的是先富带动后富的道路，"先富"为"后富"的实现创造条件，离开了"先富"，"后富"就会与生产力的发展状况相脱离；没有了"后富"，"先富"也会拉大贫富差距，造成两极分化，不利于人民公平地共享社会财富。正因为如此，在党和国家的英明领导下，我国改革开放之后"让一部分人先富起来，先富带动后富，最终实现共同富裕"，到新世纪"初次分配和再分配都要兼顾效率和公平，再分配更加注重公平"，再到新时代提出和践行以共享为目标的新发展理念、全力打赢脱贫攻坚战，实现从先富到后富的跨越。

第三，从后富到共富是一个飞跃。在改革开放的历史进程中，"后富"与"共富"是始终交织在一起的，共同谱写出辉煌壮丽的改革进行曲。1978年党的十一届三中全会决定进行改革开放，提出允许和鼓励一部分人先富起来，服务于中国式现代化的先富带后富、先富帮后富的发展模式应运而生。2015年党的十八届五中全会明确提出新发展理念，其中共享发展注重的是解决社会公平正义问题，旨在促进经济社会发展的物质文明成果和精神文明成果由全体人民共同享有。在共享发展理念的引领下，我国取得了脱贫攻坚战的全面胜利，迈出了真正意义上全体人民实现共享共富的第一步。从先富后富，到共享共富，是一个飞跃，是共同富裕实现路径愈加明晰的重要体现。

（二）从城乡与区域均衡协调发展来看

不平衡发展战略是西方发展经济学主张的集中力量首先发展某些部分工业，

然后带动其他部门发展的战略。发展经济学"贫困恶性循环论"认为，发展中国家贫困的根源在于资金不足，需要打破"贫困恶性循环"，就必须注入资金。持这种观点的人认为，发展中国家的经济发展是从过去发展结果开始的，由于过去的发展是不平衡的，为使失去的平衡得以恢复，必须采取不平衡的发展战略。从我国发展的实际情况来看，城乡区域发展不平衡是我国高质量发展的一个痛点和难点，也是中国式现代化建设过程中必须要解决的问题，必须注重和强调城乡区域均衡发展。推动区域协调发展，既是解决发展不平衡问题的内在要求，也是构建新发展格局，实现高质量发展的重要途径，对促进全体人民共同富裕具有十分重要意义。只有全面推进乡村振兴，彻底消除城乡差距才能真正实现城乡区域均衡协调发展。

第一，城乡与区域发展结构必须合理调整。对于中国这样一个发展中大国而言，城乡和区域间的平衡发展是一个至关重要的目标。但长期以来，社会各界对于如何实现城乡和地区间的平衡发展存在一些认识误区。比如，认为平衡发展就是要防止经济和人口过度集中，在政策上需要通过行政力量的干预来实现城乡和区域经济的"平衡"发展。这种"平衡"发展的本质是追求人口和经济的均匀分布，与现代经济高效集聚的客观规律是矛盾的。经济和人口集聚于少数发展条件好的地区与大城市周围的都市圈，是全球普遍存在的现象，也是规模经济的具体体现。遵循规模经济发展的原则，优势地区的人口和经济活动的承载力会不断增强，所以全球范围内出现的趋势是人口和经济活动逐步从农村向城市转移，并且从小城市向大城市及其周围都市圈集中。而人口和经济向少数地区的集聚，常常会引起人们对于欠发达地区如何发展的担忧。实际上，全球普遍规律是，随着经济发展水平逐步提高，地区之间的人均GDP差距将经历先上升再下降的过程。当前，中国的地区间差距虽然仍然较大，但已出现下降趋势，其中，既有长期转移支付带来的效果，也有人口流出导致欠发达地区人均资源占有量上升的因素。2020 年 8 月，习近平总书记在扎实推进长三角一体化发展座谈会上指出，不同地区的经济条件、自然条件不均衡是客观存在的，如城市和乡村、平原和山区、产业发展区和生态保护区之间的差异，不能简单、机械地理解均衡性。解决发展不平衡问题，要符合经济规律、自然规律，因地制宜、分类指导，承认客观差异，不能搞一刀切。[①] 我国城乡和区域发展仍存在结构调整的空间。例如，在一些城市人口集聚可进一步加强，低密度的城市建设模式可以作出进一步的提升。

第二，城乡与区域发展必须适应新发展格局。从城乡和区域发展的角度来看，以人口、土地、资金等生产要素市场的改革为突破口，促进城乡和区域发展格局调整，有利于国民经济大循环的畅通，形成更高水平动态平衡。具体表现在以下两个方面。一是城乡和地区间收入差距的缩小有利于促进消费。高收入者的边际消费倾向较低，因此收入差距扩大不利于消费增长。目前我国收入差距最重要的构成就是城乡和地区间的收入差距，只有缩小城乡和地区间收入差距，才能够促进消费。二是集约化的城市发展和外来人口市民化有利于服务业的发展。通过城市集约化紧凑化发展，推进外来人口市民化进程，可以进一步促进消费增长。在城市化的进程中，农村人口持续减少是一种必然现象，这有利于提高农村地区的人均资源。未来乡村振兴应持续走"人出来、钱进去"的发展道路，在人口城市化进程中推进农业规模化和现代化，提升农业的国际竞争力。

第三，城乡与区域发展必须平衡增长。人口向中心城市周围的都市圈及沿海地区集聚，是城乡和区域发展的客观规律。在这种情况下，要认识城乡与区域发展平衡增长的重要性和必要性，促进各类生产要素合理流动和高效集聚，

---

① 习近平在扎实推进长三角一体化发展座谈会上强调 紧扣一体化和高质量抓好重点工作 推动长三角一体化发展不断取得成效.《人民日报》，2020年08月23日01版。

在集聚中走向平衡，在发展中营造平衡。一是强化都市圈的增长极作用。在城市群发展进程中，根据规模和功能定位差异，围绕中心城市建设都市圈，强化其增长极作用。二是深化户籍制度改革，促进人口流动。城乡和地区间更为自由的人口流动，可对冲人口红利总量下降的负面影响，有利于提高劳动力资源的利用效率。三是加强流动人口子女的教育投资。加强在人口流入地的教育均等化，促进留守儿童和进城随迁子女获得更优质教育，既有利于流动人口家庭团聚，又有利于人力资源大国建设。四是增强土地和住房管理的灵活性。土地和住房供应要与人口流动方向相一致，真正做到需求牵引供给、供给创造需求。五是优化公共服务和基础设施的供给。从供给侧加大改革力度，优化公共服务和基础设施的数量、质量、结构和布局，可以实现经济增长、生活宜居、社会和谐的目标。

（三）从共同富裕与高质量发展并重来看

共同富裕是中国特色社会主义的本质要求，高质量发展是全面建设社会主义现代化国家的首要任务，二者并重，坚持在高质量发展中促进共同富裕，可以确保尽力而为和量力而行两个原则的有机统一。

第一，共同富裕与高质量发展的辩证统一。从辩证唯物史观来看，共同富裕内含着生产力和生产关系、经济基础和上层建筑的辩证统一关系。"富裕"要以一定的生产力发展为基础，而"共同"则要有相应的生产关系条件，共同富裕是生产力和生产关系有机统一产生的结果。要实现共同富裕，必须在生产力发展的基础上，有相应的社会制度基础。新中国成立以来，我国建立了社会主义政治制度和经济制度，逐渐探索形成公有制为主体、多种所有制经济共同发展，按劳分配为主体、多种分配方式并存的基本经济关系，不断解放和发展社会生产力，为共同富裕提供经济制度基础。改革开放之后，我国建立和发展社会主义市场经济，调动全体人民的积极性，激发各类市场主体活力，为共同富裕提供经济体制基础。党的十八大以来，在经济以中高速增长的情况下，我国加大了改善民生和脱贫攻坚力度。经过全党全国各族人民持续奋斗，实现全面建成小康社会的目标，历史性地解决了绝对贫困问题，在共同富裕的道路上又迈出实质性的步伐。党的十九大作出我国经济已由高速增长阶段转向高质量发展阶段的重要判断。在新发展阶段实现高质量发展，既要着力落实共享发展理念，以改革开放发展的成果不断满足人民日益增长的美好生活需要；又要着力建设现代化经济体系，通过改革提高生产率、创新能力和竞争力，解决发展中存在的不平衡不充分问题。转向高质量发展阶段，坚持共享发展既要做大"蛋糕"，也要分好"蛋糕"，更加注重效率和公平有机统一。共同富裕是高质量发展的目标归宿，而高质量发展也有利于促进共同富裕，二者辩证统一。

第二，高质量发展推动共同富裕。发展是解决一切问题的基础和关键，高质量发展坚持以人民为中心的发展思想，不仅包含量的增长还包含质的提高，是从"量的积累"到"质的飞跃"的发展。共同富裕不仅要求做大"蛋糕"，还要分好"蛋糕"，只有做大"蛋糕"，才能更好地分好"蛋糕"，因此，高质量发展是实现共同富裕的前提和保障，是扎实推进共同富裕的物质基础和关键实现路径，是共同富裕的牢固基石。如果没有高质量发展，就不可能实现共同富裕。在实现第二个百年奋斗目标进程中，把在高质量发展中促进全体人民共同富裕作为着力点，解决好发展不平衡不充分的问题，更好满足人民日益增长的美好生活需要，更好推动人的全面发展，是社会主义发展的历史必然，是中国式现代化新道路的现实选择。

第三，以共同富裕为目标实现高质量发展。共同富裕是马克思主义的基本目标，也是中国特色社会主义的本质要求。我们党始终带领人民为创造美好生活、实现共同富裕而不懈奋斗。以共同富裕为目标实现高质量发展，主要是依靠全面深化改革，调整各方面的关系，调动全社会全体人民的积极性和创造性，在逐步实现共同富裕的过程中实现高质量发展。总的目标是，继续解放和发展生产力，把"蛋糕"做大，为共同富裕奠定强大的财富基础；同时不断完善中国特色社会主义制度，分好"蛋糕"，为共同富裕提供制度保障。

Chapter 6

第六章

共同富裕与乡村振兴的任务

按照党的十九大提出的决胜全面建成小康社会、分两个阶段实现第二个百年奋斗目标的战略安排，实施乡村振兴战略的目标任务是：到 2020 年，乡村振兴取得重要进展，制度框架和政策体系基本形成；到 2035 年，乡村振兴取得决定性进展，农业农村现代化基本实现；到 2050 年，乡村全面振兴，农业强、农村美、农民富全面实现。当下推动共同富裕与乡村振兴的主要任务是促进农业产业化高质量发展，社会主义新农村、美丽乡村高质量建设，农民收入大幅度增加。

一、共同富裕与农业产业化高质量发展

农业产业化高质量发展是乡村振兴的核心内容，产业兴旺是乡村振兴的重中之重。必须坚持质量兴农、绿色兴农，构建现代农业产业体系、生产体系、经营体系，提高农业创新力、竞争力和生产力，推动农业由增产导向转向提质导向，实现由农业大国向农业强国转变。

（一）从提高农业产业化科技含量来看

提高农业产业化科技含量是实现农业高质量发展的基础。农业产业化与农业科技化是高质量发展的方向，要坚持新发展理念，以提升供给质量为目标，以科技为支撑。就农业科技产业化而言，要以科技为主导、市场为导向、企业为龙头，按照现代农业科技发展的整体性、综合性、系统性组织起种农工贸一体化、产供销一条龙、具有现代产业职能特征和运作机制的农业科技生产经营体系。改革开放以来，各地坚持科技兴农，切实加强农业科技产业化，促进了

农业及农村经济的全面发展。如山东菏泽的生态农业高新产业园，推进农业科技产业化，利用互联网、物联网、大数据、云计算实现"互联网＋农业"，园区全部采用水肥一体化，利用土壤温湿度传感器，实时检测土壤温度、湿度变化，根据植物生长条件，利用计算机设定理想的生长点，实现对植物生长需水需肥的精准控制，做到节水节肥，提高植物对水分和肥料的利用率。

（二）从提高农业产业化融合发展来看

推进农业产业化融合发展是高质量发展的要求。农业产业融合发展是以第一产业为基础，通过延伸产业链条，跨界集约化配置资本和技术以及资源要素，完善利益联结机制，构建一二三产业交叉互动与融合发展的现代农业产业体系。加快农村产业融合既是贯彻落实农业供给侧结构性改革的根本要求，也是实现农业现代化的必然选择。要打造贯通产加销、融合农文旅、对接科工贸的现代农业产业体系、生产体系和经营体系，推进农村一二三产业深度融合，实现上中下游环节贯通、信息相通和资金融通。农业产业融合发展的模式很多，有农业内部融合发展模式，延伸农业产业链融合发展模式，拓展农业多种功能融合发展模式，发展农业新型业态，等等。如山东的生态农业高新产业园，将生态农业、工业、文化产业、旅游业深度融合，拉长休闲农业产业链，把园区打造成集农业科技创新、地方特色种植、室外科普教育、休闲体验等功能于一体的现代农业高新产业园区。

（三）从加快农业产业化发展步伐来看

加快农业产业化发展步伐是高质量发展的路径。要加快农业产业化发展步伐，就要把乡村产业发展作为"三农"工作的重点来推动，根据实施乡村振兴战略总要求，围绕产业振兴各项目标任务，大力推动农业产业化发展，形成以龙头企业带动农业产业化、以农业产业化引领产业振兴的新格局。牢牢把握乡村全面振兴的主旋律，以产业振兴为主抓手，奋力推动我国农业产业化经营水平高质量跨越式发展。要大力推进特色乡村产业发展，坚持以市场为导向，以区域特色资源为基础，围绕特色抓产业，围绕产业强龙头，围绕龙头建基地，围绕基地带农户，形成区域化布局、专业化生产、规模化发展、产业化经营的发展格局，从而带动农村经济发展，促进农民大幅度增收。

二、共同富裕与新农村、美丽乡村建设

乡村振兴是实现共同富裕的必经之路，建设社会主义新农村和美丽乡村是推进乡村振兴的重要举措，统筹乡村基础设施和公共服务布局，发展乡村特色产业，拓宽农民增收致富渠道，建设富有活力、文明进步、生态宜居的农村社会，让农民群众过上更加幸福美好的生活。

（一）从共同富裕推进新农村、美丽乡村建设来看

推动共同富裕需要践行"绿水青山就是金山银山"的理念，"绿水青山就是金山银山"理念内在包含了生态文明建设与共同富裕相统一的本质联系。习近平总书记说："我们既要绿水青山，也要金山银山。宁要绿水青山，不要金山银山，而且绿水青山就是金山银山。"[1]这既深刻揭示保护生态环境就是保护生产力、改善生态环境就是发展生产力的道理，也是推进新农村、美丽乡村建设，实现发展与保护协同共生的目标。绿水青山既是自然财富、生态财富，又是社会财富、经济财富，要统筹推进农村人居环境整治，探索出一条美丽乡村、美丽经济、美丽生活"三美融合"的新农村、美丽乡村建设之路，为全面实施乡村振兴战略、促进农民农村共同富裕奠定坚实基础。

（二）从共同富裕助力实现新农村、美丽乡村生态生产生活"三生融合"来看

推动共同富裕就要坚定不移地走生产发展、生活富裕、生态良好的文明发

---

① 习近平在哈萨克斯坦纳扎尔巴耶夫大学发表重要演讲。《人民日报》，2013年09月08日01版。

展道路，以生态生产生活"三生融合"的理念建设新农村、美丽乡村，打造宜居、宜业、宜游的美丽景色。生态是美丽乡村的气质，是美丽乡村的外在之美，物质富裕但环境脏乱差不是美丽乡村。新农村、美丽乡村建设要求正确处理生产生活和生态环境的关系，实现生产、生活、生态共赢。

（三）从共同富裕促进新农村、美丽乡村文明进步来看

共同富裕是全面富裕，是人民群众物质生活和精神生活都富裕，其目标归根到底就是实现人的全面发展和社会文明全面进步。建设新农村、美丽乡村，既要塑形也要铸魂，既要抓物质文明也要抓精神文明。乡村建设，不仅要盯着基础设施、公共服务等硬件，更要注重农民精神风貌、乡村文明风尚等软件。新农村、美丽乡村建设，要充分展现文明乡村创建，突出抓好乡风民风与文化生活建设，焕发文明新气象。

三、共同富裕与乡村振兴政策法规保障

党的十九大以来，党中央、国务院采取一系列重大举措加快推进乡村振兴，印发了《中国共产党农村工作条例》，制定了以乡村振兴为主题的中央一号文件，发布了乡村振兴战略规划，召开了全国实施乡村振兴战略工作推进会议，制定了《中华人民共和国乡村振兴促进法》（以下简称《乡村振兴促进法》），印发了《乡村振兴责任制实施办法》。《乡村振兴促进法》深入贯彻习近平新时代中国特色社会主义思想，深入贯彻党的十九大和十九届二中、三中、四中、五中全会精神，贯彻新发展理念，紧紧围绕统筹推进"五位一体"总体布局和协调推进"四个全面"战略布局要求，坚持农业农村优先发展，把党中央关于乡村振兴的重大决策部署转化为法律规范，与党中央一号文件、乡村振兴战略规划、《中国共产党农村工作条例》等共同构建了实施乡村振兴战略的"四梁八柱"，强化了走中国特色社会主义乡村振兴道路的顶层设计，夯实了良法善治的制度基石。

（一）从共同富裕与乡村振兴法律保障来看

2021年4月29日，十三届全国人大常委会第二十八次会议审议通过《乡村振兴促进法》，从此我国促进乡村振兴就有法可依了。《乡村振兴促进法》是第一部以"乡村振兴"命名的基础性、综合性法律，标志着乡村振兴迈入了全面依法推进的新阶段。实施乡村振兴战略是新时代做好"三农"工作的总抓手，制定《乡村振兴促进法》是贯彻落实党中央决策部署、保障乡村振兴战略全面实施的重要举措，是立足新发展阶段、推动实现"两个一百年"奋斗目标的重要支撑，是充分总结"三农"法治实践、完善和发展中国特色"三农"法律体系的重要成果。制定出台《乡村振兴促进法》，为全面实施乡村振兴战略提供有力法治保障，对于促进农业全面升级、农村全面进步、农民全面发展，全面建设社会主义现代化国家，实现中华民族伟大复兴中国梦具有极其重要的意义。

乡村振兴战略实施与共同富裕目标实现，两者在其共同点、出发点和落脚点上是一脉相承的。《乡村振兴促进法》的实施为共同富裕提供法治保障，标志着乡村振兴战略实施进入了一个新的发展阶段。"共同富裕"理念是《乡村振兴促进法》的价值体现，应当用法治保障的方式和手段，促使乡村振兴在高质量发展中实现共同富裕，让人民群众彻底摆脱贫困状态，过上共同富裕的幸福生活。推动全体人民共同富裕取得更为明显的实质性进展，首要的是理解共同富裕的深刻内涵。《乡村振兴促进法》第四条规定，全面实施乡村振兴战略，应当坚持中国共产党的领导，贯彻创新、协调、绿色、开放、共享的新发展理念，走中国特色社会主义乡村振兴道路，促进共同富裕，遵循以下原则：（1）坚持农业农村优先发展，在干部配备上优先考虑，在要素配置上优先满足，在资金投入上优先保障，在公共服务上优先安排；（2）坚持农民主体地位，充分尊重农民意愿，保障农民民主权利和其他合法权益，调动农民的积极性、主动性、创造性，维护农民根本利益；（3）坚持人与自然和谐共生，统筹山水林田湖草沙系统治理，推动绿色发展，推进生态文明建设；（4）坚持改革创新，充分发挥市场在资源配置中的决定性作用，更好发挥政府作用，推进农业供给侧结构性改革和高质量发展，不断解放和发展乡村社会生产力，激发农村发展活力；（5）坚持因地制宜、规划先行、循序渐进，顺应村庄发展规律，根据乡村的历史文化、发展现状、区位条件、资源禀赋、产业基础分类推进。这就表明《乡村振兴促进法》所要达到和实现的共同富裕，就是习近平总书记在2021年8月17日主持召开的中央财经委员会第十次会议上强调的，"要促进农民农村共同富裕，巩固拓展脱贫攻坚成果，全面推进乡村振兴"，"共同富裕是全体人民的富裕，是人民群众物质生活和精神生活都富裕，不是少数人的富裕，也不是整齐划一的平均主义，要分阶段促进共同富裕。要鼓励勤劳创新致富，坚持在发展中保障和改善民生，为人民提高受教育程度、增强发展能力创造更加普惠公平的条件，畅通向上流动通道，给更多人创造致富机会，形成人人参与的发展环境"[①]。在实施乡村振兴的整个历史进程中，只有严格按照《乡村振兴促进法》的规定，尊重人民意愿，发扬社会主义民主，真正做到"人人参与"，才能实现"共同分享"，才能从"共建共享"走向"共同富裕"。因此，《乡村振兴促进法》体现了共同富裕的本质要求。

（二）从共同富裕与乡村振兴政策保障来看

党的十九大报告指出，农业农村农民问题是关系国计民生的根本性问题，必须始终把解决好"三农"问题作为全党工作的重中之重，实施乡村振兴战略。为此，党和国家制定了一系列方针政策。2018年1月2日，中央一号文件《中共中央 国务院关于实施乡村振兴战略的意见》发布，确实施乡村振兴战略的目标任务、基本原则，对当前和长远的农业农村工作作出总体规划，既管全面、

---

① 习近平：在高质量发展中促进共同富裕 统筹做好重大金融风险防范化解工作。《人民日报》，2021年08月18日01版。

又管长远。2018 年 1 月 10 日，为贯彻落实乡村振兴战略要求，进一步强化和规范农业综合开发对农业优势特色产业的扶持，国家农业综合开发办公室发布 1 号文件，决定开展《农业综合开发扶持农业优势特色产业规划（2019—2021 年）》编制工作。2019 年 6 月 29 日，农业农村部、国家发改委等六部委联合发布《关于开展土地经营权入股发展农业产业化经营试点的指导意见》，旨在指导各地稳妥开展土地经营权入股发展农业产业化经营试点工作，促进乡村振兴。2021 年 2 月 21 日，中央一号文件《中共中央　国务院关于全面推进乡村振兴加快农业农村现代化的意见》发布，指出民族要复兴，乡村必振兴，坚持把解决好"三农"问题作为全党工作重中之重，把全面推进乡村振兴作为实现中华民族伟大复兴的一项重大任务，举全党全社会之力加快农业农村现代化，让广大农民过上更加美好的生活。2022 年 2 月 22 日，中央一号文件《中共中央　国务院关于做好 2022 年全面推进乡村振兴重点工作的意见》发布，指出要牢牢守住保障国家粮食安全和不发生规模性返贫两条底线，突出年度性任务、针对性举措、实效性导向，充分发挥农村基层党组织领导作用，扎实有序做好乡村发展、乡村建设、乡村治理重点工作，推动乡村振兴取得新进展、农业农村现代化迈出新步伐。等等。这些政策包括产业、土地、农产品安全、农业金融、农机补贴、生态环境治理保护、乡村建设等方面，对乡村振兴起到了积极保障作用。

（三）从共同富裕与乡村振兴"富民"措施来看

增加农民收入，是产业振兴的目的所在，是扎实推进共同富裕的题中应有之义，也是"三农"工作的中心任务。习近平总书记指出，促进农民农村共同富裕，要全面推进乡村振兴，加快农业产业化，盘活农村资产，增加农民财产性收入，使更多农村居民勤劳致富。[1] 全国各地根据习近平总书记的重要指示精神，陆续出台了许多"富民"政策和措施。例如，浙江聚焦"富民、强村"计划，

---

[1] 习近平：扎实推动共同富裕。《求是》，2021 年第 20 期。

以乡村产业振兴为基础，以农民就业创业为优先，以农村产权激活为突破，系统推进强村富民乡村集成改革，加快推动发展性政策制度向共富型转变，高质高效促进农民农村共同富裕。又如，河南出台《关于实现巩固拓展脱贫攻坚成果同乡村振兴有效衔接的实施意见》，明确提出，到2025年，脱贫攻坚成果持续巩固拓展，乡村振兴实现更大突破、走在全国前列，农村低收入人口帮扶机制逐步完善，不发生规模性返贫和新的绝对贫困，脱贫地区农民收入增速高于全省农村平均水平，脱贫地区经济活力和发展后劲明显增强，农村基础设施和基本公共服务水平进一步提升，美丽宜居乡村建设扎实推进，农村基层组织建设不断加强。

Chapter 7

共同富裕是乡村振兴的历史使命

党的十九大提出的乡村振兴战略，是关系全面建设社会主义现代化国家的全局性、历史性任务，是新时代"三农"工作总抓手，在我国"三农"发展进程中具有划时代的里程碑意义。党的十九届五中全会提出到2035年要基本实现新型工业化、信息化、城镇化、农业现代化，其中农业现代化是短腿，实施乡村振兴战略，就是为了着力解决城乡发展不平衡、农村发展不充分问题，满足农民群众对美好生活的向往，找到一条同步推进"新四化"的发展道路。

一、共同富裕是乡村振兴的终极目标

乡风文明、生态宜居、治理有效、产业兴旺、生活富裕，乡村振兴战略的总体要求，是我国农业农村发展到新阶段设定的新目标。民族要复兴，乡村必振兴，乡村振兴是一项利在当代、功在千秋的庞大民生工程。实施乡村振兴战略的总目标是农业农村现代化，而农民农村的共同富裕是农业农村现代化的核心目标，可以说，共同富裕是乡村振兴的终极目标。推进乡村振兴事关中华民族伟大复兴，事关党和国家根本利益，事关人民群众对美好生活的向往。为了实现这个目标，就要推动城乡融合发展，加快农业农村现代化，缩小城乡差距。

（一）从推动城乡融合发展来看

振兴乡村，不能就乡村论乡村，必须走城乡融合发展之路。习近平总书记在江西考察时指出："城镇化和乡村振兴互促互生。"[1] 城乡同步、产城融合是助

---

[1] 习近平：贯彻新发展理念推动高质量发展 奋力开创中部地区崛起新局面。《人民日报》2019年05月23日01版。

推乡村振兴的手段之一。产城融合是指产业与城市融合发展，以城市为基础，承载产业空间和发展产业经济，以产业为保障，驱动城市更新和完善服务配套，进一步提升土地价值，以达到产业、城市、人口之间互为依托、互相促动、高效优质的发展模式。如果城市没有产业支撑，就会成为"空城"；产业没有城市依托，就只能"空转"；城市化与产业化要有对应的匹配度，才不会脱节和分离。产城融合发展理念要求产业与城市功能融合、空间整合，"以产促城，以城兴产，产城融合"。

第一，以产促城，推动社会发展。要做到以产促城，关键在"产业"，推动城区高质量发展，产业是支撑。如果城镇化进程过快，缺乏支撑城市运营的优势产业，就会出现产业空心化、就业不足、收入水平低下、经济低迷等问题。城市没有产业支撑，即便再漂亮，也是"空城"。拉美国家普遍存在城市化率远远高于工业化的问题，由此产生了"中等收入陷阱"、抵御外部冲击的能力不强等一系列社会经济问题。

第二，以城兴产，促进经济发展。要做到以城兴产，核心在"规划"。要做好产业、城市前瞻性的规划和定位，准确定位符合区域持续发展的产业、城市规划及功能配套，加强城市功能规划与产业发展定位。从发展实践看，工业化、产业化过快发展，超前于城镇化发展进程，会出现城镇基础设施配套缺乏、劳动力短缺、住房紧张、交通拥挤、资源短缺、环境污染等问题，约束产业持续化、高端化发展。产业没有城市依托，即便再高端，也只能"空转"。

第三，产城融合，实现平衡发展。要做到产城融合，中心在"融合"。产城融合有助于实现城市土地集约化，扩大产业空间加速产业聚集；有利于增加就业人口，规避盲目城市化带来的空城现象；有利于构建城市产业生态体系，增强产业自我更新能力；有利于城镇化有序推进，促进城市一体化建设。

（二）从加快农业农村现代化来看

党的二十大报告指出，全面建设社会主义现代化国家，最艰巨最繁重的任务仍然在农村。全面推进乡村振兴。坚持农业农村优先发展，坚持城乡融合发展，畅通城乡要素流动。推进农业农村现代化是全面建设社会主义现代化国家的重大任务，是解决发展不平衡不充分问题的重要举措，是推动农业农村高质量发展的必然选择。一方面，继续推动要素配置、资源条件、公共服务向农业农村倾斜，加快补齐农业农村发展短板，让农业强起来、农村美起来、农民富起来。另一方面，在城乡融合发展制度设计与政策创新上想办法、求突破，进一步理顺工农城乡关系，显著缩小城乡差距，真正让农业成为有奔头的产业，让农民成为令人羡慕的职业，让农村成为安居乐业的家园。

第一，实现农业现代化。农业现代化是指由传统农业转变为现代农业，把农业建立在现代科学的基础上，用现代科学技术和现代工业来装备农业，用现代经济科学来管理农业，创造一个高产、优质、低耗的农业生产体系和一个合理利用资源、保护环境、有较高转化效率的农业生态系统。要构建现代农业产业体系，以市场需求为导向，调优、调高、调精农业；要构建现代农业生产体系，用现代设施、装备、技术手段武装农业，发展绿色生产；要构建现代农业经营体系，重点是培育新型经营主体和新型职业农民，解决今后谁来种地问题。

第二，实现农村现代化。我国的现代化首先必须是农村现代化，农村现代化也是新农村、美丽乡村建设的目标。实现农村现代化关键是发展农村生产力，使农村的发展在制度层面、物质层面、思想和行为模式层面达到和谐统一。

第三，实现农民现代化。农民现代化是指农民在社会化过程中，逐渐抛弃传统观念和因素的束缚，不断接受现代的新观念、新思维、新思想，培养现代生产、生活技能和人格的过程。当前农村"空心化"、农民老龄化问题日益凸显，农业发展面临新挑战，实现农业农村现代化的关键在人。加快农民现代化发展步伐，推进以人为本、以产业为需、以"三农"为重的农民教育培训，整体提升农民科学文化素质，是补齐乡村振兴人才短板，夯实农业农村现代化人力基础的重要保障。

（三）从缩小城乡差距来看

缩小城乡差距是共同富裕的重要内容，城乡差距主要表现在基础设施、公共服务、收入和治理四个方面，其中最主要的差距是收入差距。要推动城乡融合，把城市和农村作为一个有机整体进行系统谋划，强化以工补农、以城带乡，加快形成工农互促、城乡互补、协调发展、共同繁荣的新型工农城乡关系，进一步缩小城乡差距。

第一，缩小城乡收入差距，是社会主义本质的根本要求。社会主义的本质要求是共同富裕，城乡收入差距较大的现实问题与其是相悖的。如果听任城乡收入差距扩大，势必会导致两极分化。在推进共同富裕的过程中，如何保证城乡居民收入差距有明显的实质性缩小，是最艰巨也是最应当啃下的一块硬骨头。

第二，缩小城乡收入差距，是协调发展的必然要求。从经济效率上讲，过大的收入差距不仅会影响整个社会的经济效率，而且由此产生的社会矛盾如果协调不好，还会对经济发展产生影响。缩小城乡收入差距，不仅是"十四五"时期我国宏观政策的基本导向，也是保持经济稳定协调可持续发展的重要条件。

第三，缩小城乡收入差距，是构建和谐社会的需要。收入差距过大，容易加剧社会矛盾，导致各种不和谐不稳定因素产生，甚至会引发社会动乱。缩小城乡收入差距，是确保国家长治久安，构建社会主义和谐社会的需要。

二、共同富裕是乡村振兴的数字化发展动力

发展数字化（数字经济）与共同富裕目标高度契合，在实现共同富裕、乡村振兴中发挥重要作用，也是推动农业农村农民现代化的重要途径。数字赋能

乡村振兴，扎实推进共同富裕，具有重大战略意义。"十四五"规划和 2035 年远景目标纲要提出，加快发展智慧农业，推进农业生产经营和管理服务数字化改造；加快推进数字乡村建设，构建面向农业农村的综合信息服务体系。建设数字乡村是催生乡村发展内生动力、推进乡村治理转型、提升乡村生活服务水平的现实需求，也是实施乡村振兴的战略需求，对筑牢数字中国根基、拓宽农民增收渠道、保障改善农村民生、促进城乡融合发展意义重大。

（一）从数字经济是共同富裕与乡村振兴强大动力来看

数字经济是助推共同富裕与乡村振兴的强大动力。农村是共同富裕的洼地，乡村振兴是共同富裕的必经之路。数字经济是农业农村发展的新引擎，它以信息流带动技术流、资金流、人才流、物资流向农村地区流动，促进资源配置优化，促进农村全要素生产率的提升。数字经济不仅促进一二三产业的深度融合，而且推动农业供给侧结构性改革，有效带动现代农业等相关产业的全面崛起。以 5G、大数据、人工智能为代表的新一代信息技术正在日益深入赋能农业农村各个领域和环节，深刻改变农业生产方式和农民生活方式。数字经济催生了电商企业、网点微商、农民专业合作社、种植大户、农产品加工企业等多个行业的就业岗位。通过电商平台、社交网络、在线旅游、外卖平台等渠道，农村本地的特色商品、自然风光、文化旅游资源能够及时发布出去，带动乡村旅游、餐饮、民宿等产业的发展。数字经济和数字技术改变了农村的生产方式与农村居民的消费方式、休闲方式、社交方式，使农村具有媲美城市的现代产业和现代生活水准，促进了城乡一体化发展。农村数字经济发展有力地促进了绿色发展理念的践行，将偏远农村地区的绿水青山重要资源融入数字经济时代，使其共享发展成果。

第一，农村要实现数字产业化与产业数字化。要加快乡村振兴步伐，必须实现数字产业化与产业数字化。数字产业化即信息通信产业，具体包括电子信息制造业、电信业、软件和信息技术服务业、互联网行业等，是数字经济核心产业，为数字经济发展提供数字技术、产品、服务、基础设施和解决方案等。简单来说，就是把过去研究的通信、信息技术产业化，最为典型的就是阿里巴巴的云服务，把数字技术做成产品，这就是数字产业化。数字产业化在乡村振兴中的作用不可估量。产业数字化，就是数字技术带来的产品和服务，是指应用数字技术和数据资源为传统产业带来产出增加和效率提升，其新增产出是数字经济的重要组成部分，是数字技术与实体经济的融合。我们可以把产业数字化理解为传统产业的数字化转型。

第二，农村要实现农业产业数字化与数字化农业产业。农业产业数字化是农业现代化的核心。人工智能、5G、物联网、大数据、区块链等信息技术的快速发展，推进了农村经济社会各个领域的数字化转型，新形态数字经济将会助推经济发展。在数字化转型的时代浪潮中，用数字化赋能现代农业，是全面推进乡村振兴，加快农业农村现代化发展的关键。农业产业数字化转型发展也将促进数字化农业产业的发展。随着农业产业的数字化发展，农业生产数字化程度大大提高，这将对进一步深化农业产业数字化，推进信息基础设施建设，稳步提高农业组织化程度，激活相关主体活力发挥越来越大的作用。

第三，农村要建立农业数字化服务平台。目前，我国农业数字化水平仍然较低。根据中国信通院测算，2020年我国农业数字经济渗透率只有8.9%，整个农业产业供应链的生产力和效率仍有待提高。2021年11月17日农业农村部发布的《关于拓展农业多种功能 促进乡村产业高质量发展的指导意见》提出，要引导有条件的头部企业，搭建全产业链数字平台，将上中下游经营主体纳入平台，打通全产业链上中下游环节，实现信息共享、品牌共创、渠道共建和质量安全可追溯。因此，要尽快建立综合的农业大数据信息平台，进一步畅通农产品销售渠道，解决农业生产与消费信息不对称问题；要激励企业创新，让农业大数据"活"起来，为农业农村现代化、乡村振兴提供先进科技支撑。

（二）从数字经济赋能发展是共同富裕与乡村振兴内驱动力来看

数字经济赋能发展是助推共同富裕与乡村振兴的内驱动力。数字经济的高技术特征和分享性特征，既为经济增长提供了动力，也为均衡发展提供了共享机制，可以助力在高质量发展中促进共同富裕。数字经济可以带动区域产业分散化，促进乡村振兴，助力建设全国统一大市场，弥补公共服务短板，提升政府服务水平以及促使数字基础设施更充分和均衡，前三者突出了经济增长的均衡性，后三者突出了经济增长的共享性。数字经济可以带动均衡共享式增长，促进区域协调、城乡一体化和公共服务均等化，从而推动共同富裕。

数字赋能助推乡村振兴本质上是一个农业农村现代化发展进程，以促进实现乡村全面振兴为目标和落脚点。数字技术能够渗透于乡村振兴的方方面面，产生巨大的资源优化与集成作用，带来颠覆性变革和创造性破坏。数字赋能助推乡村振兴，即通过推动乡村产业、生态、文化、治理、服务等方面的数字化转型，促进实现乡村全面振兴。

三、共同富裕是乡村振兴的历史使命

2021年12月30日，笔者在中国商报网上发表了文章《乡村振兴与共同富裕的使命和担当》（以下简称《使命和担当》），分析探讨共同富裕是乡村振兴的历史使命，提出乡村振兴与共同富裕是建设社会主义新农村的重要、热点、焦点，尤其是在全面建成小康社会、为实现共同富裕远景目标而奋斗的背景下，乡村振兴是全体人民实现共同富裕的必然要求。下面转引《使命和担当》一文的主要观点，并进行一些简要分析。

（一）从共同富裕与乡村振兴的社会现状来看

农村经济落后于城市经济、农村居民生活水平落后于城市居民生活水平，是当下我国实施乡村振兴战略最大的现实背景。

第一，城乡发展不平衡。长期存在的城乡发展差距，对我国实现共同富裕形成了重大挑战。从国际比较来看，发达国家如英国、加拿大，城乡收入比接近于1，虽然近些年我国一直努力增加农民收入，缩小城乡居民收入差距，但2020年城乡人均收入比依然有2.56。除了收入维度，城乡差距还体现在其他方面，比较突出的是在教育、健康等人力资本投入上的差距。农村居民收入偏低，农村家庭对教育、人力资本投入不足，基本公共服务的城乡差别，这些都对缩小城乡差距造成了较大挑战，不利于我国实现共同富裕。在这样的背景下，实施乡村振兴战略，解决城乡发展不平衡问题，对我国扎实推进共同富裕、在本世纪中叶实现共同富裕目标具有重要作用。

第二，农业农村现代化水平偏低。造成城乡发展不平衡的一个重要因素是城乡产业结构的差异。由于现代化水平较低，农业农村的可持续发展、农民的可持续增收均存在较大困难，这也是实现共同富裕的重要难题。根据世界银行数据，2021年，中国农业就业比重（务农劳动力占全部劳动力的比重）为23%，比高收入国家的平均水平高出20个百分点。我国农业农村的发展仍然存在结构性问题，部分农村地区缺乏现代化的生产方式，仍然有较多的劳动力在从事小规模的农业经营，农业劳动的收益偏低。乡村振兴，产业兴旺是重点，实施乡村振兴战略对于推动我国农业农村现代化意义深远。

第三，农村仍有较多低收入人口。2020年，我国全面建成小康社会，消除了绝对贫困，意味着现行标准下的农村贫困人口已经全部脱贫。但是，绝对贫困的消除并不意味着贫困的终结，随着经济社会的发展，贫困标准会不断上移，而且脱贫人口也仍存在着返贫风险高、内生动力不足的问题。所以，绝对贫困消除以后，为了实现全体人民共同富裕，仍需重视庞大的低收入人口的可持续发展。

由此看来，因为城乡发展不平衡现象突出、农业农村现代化水平偏低、农村仍有较多低收入人口，实施乡村振兴已成为实现共同富裕的必然要求。

（二）从共同富裕与乡村振兴的现实条件来看

目前农村生产配套条件落后，实施乡村振兴不仅需要市场，还需要保障配套生产条件。生产性基础设施"硬件"较为落后，技术人才流出、人口老龄化日趋严重造成生产"软件"逐步缺失，这是推动乡村振兴，促进城乡经济协调发展，实现共同富裕不得不面对的现实困难。

第一，生产性基础设施"硬件"仍需加强。生产性基础设施落后会使生产能力受到限制。虽然近年来农村生产性基础设施投入的绝对值增加迅速，但是相对比例仍然需要进一步提高，而且已投入的生产性基础设施还存在质量低、维护成本高、使用效率低的问题。未来不仅需要持续加大对农村生产性基础设施投入，还需要提高投入的效率。

第二，人力资本的"软件"不足。除了生产性基础设施"硬件"落后，农村社会生产发展所需要的"软件"也极为缺乏。根据第三次农业普查的数据，农业生产经营人员中，35岁以下的人员只有19.2%，55岁以上的为33.6%；而且从事农业经营人员的学历程度都普遍偏低，其中初中及以下学历的比例超过了90%，大专及以上比例只有1.2%。可见农村"劳力"和"脑力"两项人力资本都存在不足，也成为农村"空心化"的表象。人力资本对经济发展具有非常重要的作用，农村人力资本的流失对农业技术的传播、培训都会造成不利影响，不利于农业经济和农村地区的发展。

第三，缺乏完整的产业融合体系。没有一个完整的产业体系、生产体系和经营体系，就难以实现农业发展的现代化。第三次全国农业普查数据显示，我国种植业占比超过 90%，其他农业经营占比不足 8%，而且农业生产体系仍然是以小农经营为主，规模化经营农户人员仅占 1.9%；在经营方面，农村生产的农作物、农产品缺乏一个和消费市场对接的经营模式，有电子商务配送村落占比只有 25.1%。缺乏一套完整的产业、生产和经营体系，农村农产品的供给难以直接对接市场，农产品附加值低，带动的劳动力就业规模也十分有限。因此，要实现农业农村现代化，既要注重打造一套产业融合的农村生产经营体系，又要构建农业"产业化"、农村"农场化"、农民"工人化"（产业工人）的格局。

（三）从共同富裕是乡村振兴的历史使命来看

2018 年 1 月 2 日发布的《中共中央 国务院关于实施乡村振兴战略的意见》指出，实施乡村振兴战略，是实现全体人民共同富裕的必然要求；基本原则是坚持农民主体地位，把维护农民群众根本利益、促进农民共同富裕作为出发点和落脚点；目标任务是到 2050 年乡村全面振兴，农民富全面实现。可以说，共同富裕就是乡村振兴的历史使命。

第一，抓住机遇致力发展。乡村振兴战略立足于实现农业农村现代化，着力解决城乡发展不平衡、农村发展不充分问题，满足农民群众对美好生活的向往。既要立足当前，制定阶段性目标，也要着眼长远，明确发展方向。要抓住乡村振兴的历史性机遇，在推动新型工业化、信息化、城镇化、农业现代化"四化同步"发展的基础上，借鉴发达国家成功经验，坚持问题导向、标本兼治，在最关键的目标和问题上找突破口，致力于实现城乡融合发展、消除城乡二元结构，致力于实现共同富裕、缩小城乡民居收入差距，致力于打造强势农业、提高我国农业全球竞争力。

第二，加快改革落实政策。实施乡村振兴战略是实现全体人民共同富裕的必然要求，对于解决城乡发展不平衡问题，有效衔接巩固拓展脱贫攻坚成果，以及实现农业农村现代化都有重要意义。全面小康社会建成之后，要实现乡村振兴和共同富裕的目标，需要加快城乡要素市场化的改革进程，加强对农村社会发展的投入，落实有关乡村振兴的政策。

一是要加快城乡要素市场化改革进程。城乡要素市场化改革是解决我国城乡二元分割现状的重要出路。乡村振兴需要激活城乡间的主体、要素、市场，破除影响主体积极性、影响要素流动、影响市场形成的制度障碍。尤其是要切实加快户籍制度的改革进程，降低城市公共服务与户籍制度的绑定程度，实现城乡间人口要素的自由流动。加快农村土地制度的改革步伐，在满足国家粮食安全的前提下，通过顶层设计建立区域间、城乡间建设用地指标增减挂钩的制度，盘活农村的土地资源。加快资本下乡经营管理的改革步伐，在充分保障粮食安全、生态环境等基本原则的基础上，合理利用下乡资本，根据资源禀赋优势，开展多种农业经营模式。通过加快城乡要素市场化改革进程，促使城乡要素之间实现自由流动与平等交换，城乡间的发展差距将通过市场自由竞争的力量而逐步缩小，城乡共同富裕的目标就不难实现。

二是要加强产业融合，建设集约型村庄。乡村振兴，产业兴旺是重点。农村基础设施落后，数量供给和质量供给都是短板，不利于农村和农业的现代化；同时农村人力资本薄弱，不利于乡村振兴的发展后劲。政府要实施积极的财政支农政策，加大金融服务力度，增加对农村发展所需"硬件"和"软件"的投入。加强集约型村庄基础设施、公共服务的建设，因地制宜，发展各地的优势产业，逐步形成生产、加工、销售、经营一二三产业融合的完整体系，从而提高农村基础设施的使用效率，也提高组织的建设和管理效率。通过加强产业融合的集约型村庄建设、形成一村一品的产业融合发展格局，全方面提振乡村经济，促进乡村和城市的共同繁荣。

三是要坚持改善农村民生，保障公共服务供给。农村社会运行的主要载体是人，可持续发展的保障条件是人的发展得到平等保障，否则农村社会留不住人。在全面建成小康社会之后，我国需要坚持改善农村民生，缩小城乡生活水平差距，逐步实现城乡基本公共服务均等化的目标。在生活性基础设施上，建议进一步加大对农村教育、卫生等公共服务设施的保障与投入，逐步统筹城乡间供给数量和供给质量的均衡，合理分配城乡间的优质教育、医疗资源，保障起点公平的前提。在社会保障政策上，要引导农村居民全民参与医疗和养老保险，提高基本社会保障的覆盖范围，增加对低收入人口的补贴标准，并逐步提高基本保障的给付标准，缩小和城市社会保障水平的差距。

四是要落实乡村振兴政策。首先是要尽快消除户籍制度的制约，为农民工提供平等的就业机会，为农民工子女提供平等的受教育机会，以及为他们提供和城市居民相同的社会保障政策。其次是要逐步落实城乡基本公共服务均等化的目标，为城乡提供公平的教育、医疗服务，逐步统筹城乡基本医疗保险、养老保险，进一步完善农村的社会保障制度。再次是要逐步改革土地制度，加强顶层设计的作用，试点与推广"飞地"项目，建立地区间土地增减挂钩的制度。最后是要明确乡村振兴的主体是农民群众，政府的任务是提供制度保障、基础设施和公共服务，重在调动农民参与乡村振兴建设的积极性。只要乡村的发展得到足够重视，乡村振兴的政策得到逐步落实，我国将离共同富裕的目标越来越近。

第三，坚定发展强势农业。目前我国农业规模庞大，据统计，我国40%的耕地由280万家各类新型农业主体经营，另外60%的耕地则由两亿多农户经营，尽管这一数字还在不断变化，但可以预计，在未来相当长的一个时期内，小农户仍将是我国农业生产经营的主要组织形式。由于每个农户拥有的土地非常有限，我国农业大而不强，竞争力偏弱。要实现乡村振兴与共同富裕，必须坚定不移走中国特色现代农业发展道路，提高农业竞争力，建设与我国大国地位相称的强势农业。同时，我们应该认识到，2022年2月爆发的俄乌冲突不可避免地会对我国粮食市场产生不小的影响。联合国粮农组织数据显示，俄罗斯是全球最大的小麦出口国，乌克兰是全球第五大小麦出口国，两国提供了全球约 19% 的大麦、14% 的小麦以及 4% 的玉米，占全球谷物出口的三分之一以上。作为全球两大农产品主要出口国，俄乌彼此间持续的冲突正在给全球粮食市场带来冲击。在特殊的国际关系背景下，我国农业要发展成为强势产业，在保障粮食等重要农产品供需总量平衡的前提下进一步提升农业竞争力，加快建设农业强国，这是历史赋予我们的光荣使命！

Chapter 8

共同富裕是乡村振兴的时代使命

　　乡村振兴是实现共同富裕的有效途径，实现共同富裕是乡村振兴的机遇和担当，更是时代使命。中华民族要复兴，乡村必振兴，特别是在脱贫攻坚取得胜利之后，就要全面推进乡村振兴，这是"三农"工作重心的历史性转移。乡村振兴战略是新时代党中央基于我国基本国情与经济社会发展基本特征而提出的重大举措，是决胜全面建成小康社会、全面建设社会主义现代化国家的重大历史任务，对于建设社会主义现代化强国，实现中华民族伟大复兴与中国梦有着重要现实意义与深远历史意义。

一、乡村振兴是共同富裕的必然选择

　　乡村振兴是实现共同富裕的必然选择。2021 年 5 月 11 日，第七次全国人口普查主要数据公布，全国人口中，居住在农村的人口为 50979 万人，占 36.11%，依然占了总人口的三分之一。要实现共同富裕，也就是全体人民的共同富裕，关键还是要实现亿万农民的富裕生活。如果仅是城镇居民的富裕，就不能算是真正的共同富裕。只有全面推进乡村振兴，最终实现农业农村现代化，农民才能真正地过上共同富裕的幸福生活。下面从五个方面来看。

（一）从农村生产力发展是共同富裕必然选择来看

　　发展农村生产力是共同富裕的必然选择。实现全体人民共同富裕的根本途径在于大力发展生产力，这是从根本上解决问题的本源。我国是一个 14 亿人口的大国，农业发展问题事关国计民生，解决好 14 亿人口的吃饭问题始终是我们党治国理政的头等大事。因此，"三农"问题一直是党和政府高度重视和关心的问题，是一切工作的重中之重。2005 年党的十六届五中全会明确提出建设社会主义新农村的重大战略任务，并确立"生产发展、生活宽裕、乡风文明、村容整洁、管理民主"的总要求，这是适应当时形势下实现全面建设小康社会的目标及农村经济、社会、政治、文化和社会全面发展的需要的必然选择。中国特色社会主义进入新时代，以习近平同志为核心的党中央坚持把解决好"三农"问题作为全党工作的重中之重，全面开启建设社会主义现代化国家，全面推进乡村振兴，加快农村农业的发展步伐，推动农业全面升级、农村全面进步、农民全面发展。

（二）从农村集体经济发展是共同富裕必然选择来看

发展农村集体经济是共同富裕的必然选择。共同富裕的重点在农村，难点也在农村。要发展壮大新型农村集体经济，推动农业农村现代化，为推动全面乡村振兴、实现共同富裕开辟康庄大道。一是深化农村土地制度改革。土地是农村最重要、最具潜力的资源。从某种程度上说，农村集体经济能否发展壮大，关键看能否盘活土地资源，这需要深化农村土地制度改革。应加快推进农村集体经营性建设用地入市，完善就地入市、异地调整入市等多种入市方式。二是深入推进农村集体产权制度改革。积极盘活农村土地资源要素，农村集体通过合股经营等形式变闲置土地资源为经营性资产，实行专业化公司运作模式，把集体经济组织转变为自主决策、自主经营、自负盈亏的现代企业制度。三是强化党建引领，提升集体经济带富能力。发挥基层党组织的领导核心作用，推动村党组织书记通过法定程序担任集体经济组织负责人，选优配强集体经济发展"领头雁"，带领农民群众共同富裕。四是推动联合合作，提升集体经济服务能力。推动村村、村企、村社联合合作，以新型集体经济组织为纽带，服务带动各类主体共同发展。五是推进联村抱团发展。受资源、资金、人才、经营能力等多重制约，一些农村缺乏发展集体经济的基础性条件，在不改变行政村区划和自治主体、尊重农民意愿等基本原则的前提下，可以突破村域、镇域限制，探索组建多种类型的强村公司，完善"飞地"抱团机制，实现强村带弱村、弱村抱团发展。六是完善农村集体经济的管理和运行方式。为了释放农村集体经济的活力，应确保农村集体经济组织与其他各类所有制经济组织受到同等法律保护。积极推进"政经分开"，以财务核算为突破口，实现作为微观经济主体的农村集体经济组织和村民自治组织的机构、职责、财务、资产等的分离，确保农村集体经济组织能够独立自主地开展生产经营活动。

（三）从农民职业化发展是共同富裕必然选择来看

农民职业化发展是共同富裕的必然选择。新型农民与传统农民的区别在于，前者是一种主动选择的"职业"，后者是一种被动烙上的"身份"。现在大量的农村青年外出打工，主动选择离开农村的土地，这是大多数"身份农民"脱贫奔小康的道路选择，是时代的进步，历史的必然。而"职业农民"概念的提出，意味着"农民"是一种自由选择的职业，而不再是一种被赋予的身份。2017年全国两会期间，习近平总书记在参加四川代表团审议时曾指出，我国农业农村发展已进入新的历史阶段，农业的主要矛盾由总量不足转变为结构性矛盾、矛盾的主要方面在供给侧。要坚持市场需求导向，主攻农业供给质量，注重可持续发展，加强绿色、有机、无公害农产品供给……就地培养更多爱农业、懂技术、善经营的新型职业农民。[1]"爱农业、懂技术、善经营"，这是习近平总书记勾勒出的新型职业农民的鲜明特征，具有重要的导向意义。农业主要矛盾的转变，意味着现代农业不仅是数量农业，更是质量农业；不仅要提供大路货，更要生产农业精品。新型职业农民，对政策和市场要有敏锐的洞察力。同时，新农民要善于把科技和产业融合在一起。农用无人机在田间洒药、智能喷灌设备

---

[1]　习近平李克强张德江俞正声刘云山张高丽分别参加全国人大会议一些代表团审议。《人民日报》，2017年03月09日01版。

给麦苗浇水、机械插秧机在水稻田插秧、用互联网销售农产品、打造农产品品牌……这都需要一大批善把科技和产业融合在一起的新型职业农民。2012年以来，按照党中央、国务院的部署要求，农业部（2018年改为农业农村部）、财政部等部门已经启动实施新型职业农民培育工程，培养热爱农业、知识丰富、技术精湛、善于经营的新型职业农民。农民职业化道路是解决未来"谁来种地，如何种好地"问题的根本途径，是我国推进农业现代化的必然要求。农民职业化也是一项长期的系统性工程，培育职业农民将伴随我国农业现代化发展的全过程。因此，既要搞好顶层设计，更要全面组织实施，从深化农业领域改革、完善农业教育体系、发现农业社会价值等方面构建农民职业化的保障机制，并配合职业农民培育体制，推进农民职业化健康可持续的发展。

（四）从农村治理现代化是共同富裕必然选择来看

农村治理现代化是共同富裕的必然选择。实施乡村振兴战略，加强农村基层基础工作，健全乡村治理体系，确保广大农民安居乐业，农村社会安定有序，有利于打造共建共治共享的现代社会治理格局，推进国家治理体系和治理能力现代化。党的十九届四中全会把"推进国家治理体系和治理能力现代化"明确为全面深化改革的总目标。农村治理是国家治理体系的重要组成部分，其治理体系和治理能力现代化程度影响着我国全面深化改革的总进程，也影响着乡村振兴战略目标的实现。目前我国农村存在着治理主体单一、基层治理政策"悬浮化"、治理资源分配不均衡、监督不到位、治理系统化不够、治理能力欠缺现代化要素等问题，在这种情况下，必须坚持以人民为中心，推进农村治理现代化。社会主义法治是实施乡村振兴和实现共同富裕目标的根本依托，是人民群众过上美好生活的根本保障，《乡村振兴促进法》赋予了各级政府组织实施乡村振兴的职责、权限、责任、目标。农村治理现代化是国家治理现代化的重要组成部分，没有农村治理的法治化就不可能有国家治理法治化，更不可能有国家治理现代化，农村基层社会治理是治国安邦的深厚根基。构建基层社会治理新格局，是我们党在新时代对农村基层社会治理的顶层设计，是尊重农民主体地位、坚持以人民为中心的体现。此外，发展农民合作社也能够推动乡村治理体系的现代化。发展农民合作社有利于推动党的领导、村民自治与现代企业管理制度相结合，从而实现乡村治理体系的现代化。

（五）从新农村建设是共同富裕必然选择来看

新农村建设是共同富裕的必然选择。新农村建设是"十一五"期间党中央、国务院作出的重大战略部署，既是历史的选择，也是时代的选择。新农村建设是乡村振兴战略的重要组成部分，全面推进乡村振兴，就是要把社会主义新农村建设得更加美丽宜居，这也是建设美丽中国的关键举措。但是，建设新农村的道路不会一蹴而就，更不会一马平川，需要我们遵循乡村建设规律，坚持科学规划、注重质量，做好长期和短期规划，积小成大，积少成多，踏踏实实地干，兢兢业业地干。

二、乡村振兴是共同富裕的当代路径

共同富裕是中国人民长久以来的共同期盼，也是我们党矢志不渝的奋斗目标。乡村振兴战略作为新时代"三农"工作的总抓手，是扎实推进共同富裕的重要支撑和必由路径。进入新发展阶段，全国上下都在为实现全体人民共同富裕的目标而奋斗。但是，在推进乡村振兴战略过程中仍面临城乡要素双向流通不畅、现代乡村产业体系建设不完善、基础设施和公共服务供给不充足、城镇和乡村内部收入差距明显等问题，制约着扎实推进共同富裕的进程。在这种背景下，亟须加快推进城乡要素市场化改革、完善现代乡村产业体系、补齐基础设施和公共服务短板、多渠道促进农民持续增收，以有力支撑共同富裕目标的实现。

（一）从分阶段实现共同富裕路径来看

分阶段实现共同富裕路径是符合我国现实情况的。2021年8月召开的中央财经委员会第十次会议研究扎实促进共同富裕问题时指出，共同富裕不是整齐划一的平均主义，要分阶段促进共同富裕。要鼓励勤劳创新致富，坚持基本经济制度，尽力而为量力而行。要坚持循序渐进，对共同富裕的长期性、艰巨性、复杂性有充分估计，鼓励各地因地制宜探索有效路径，总结经验，逐步推开。要在高质量发展中促进共同富裕，正确处理效率和公平的关系，构建初次分配、再分配、三次分配协调配套的基础性制度安排，加大税收、社保、转移支付等调节力度并提高精准性，扩大中等收入群体比重，增加低收入群体收入，合理调节高收入，取缔非法收入，形成中间大、两头小的橄榄型分配结构。作为助力解决贫困问题、缩小收入差距、促进共同富裕的重要手段，第三次分配是关系经济社会发展和国家治理的重要制度安排，备受各界关注。为此，浙江发布的《浙江高质量发展建设共同富裕示范区实施方案（2021—2025年）》也特别提到要全面打造"善行浙江"，建立健全回报社会的激励机制，实施"崇善行善、扶危济困"公益慈善先行计划，鼓励引导高收入群体和企业家向上向善、关爱社会，兴办社会公益实体，参与公益慈善事业，落实公益性捐赠税收优惠政策，完善慈善褒奖制度。

（二）从促进农民增收实现共同富裕路径来看

全面实施乡村振兴战略，促进农业稳定发展和农民增收是实现共同富裕的关键所在。要以新发展理念为引领，切实提高农民收入水平，促进全体人民共同富裕。习近平总书记指出，人民是我们党执政的最深厚基础和最大底气。为人民谋幸福、为民族谋复兴，这既是我们党领导现代化建设的出发点和落脚点，也是新发展理念的"根"和"魂"。[①]全面实施乡村振兴战略，要让农民在实现共同富裕上取得更为明显的实质性进展，这是实现农业农村现代化的重要任务，也是衡量农业农村现代化水平的重要尺度。提升农民收入水平的途径有许多，目前要着重在以下几个方面发力。一是进一步推动农村土地"三权分置"改革，赋予农民更多的财产权利，调动农民生产积极性。二是大力发展和壮大村级集体经济，提高村集体和农民个人收入，促进农民持续增收。三是培育新型农业经营主体，加大力度培养新型职业农民，全面提升农村人力资源素质。四是健全防止返贫动态监测和帮扶机制，同时高度重视解决农村低收入人口发展增收和民生困难问题，帮助农村低收入人口创造更有保障、更加宽裕的美好生活。

（三）从提升农业供给质量实现共同富裕路径来看

共同富裕重在富裕农民，促进农民增收，而实现农民增收的必由之路是完善农业发展基础，提升农业供给质量，加快农业现代化进程，这是主线所在。农业既是安天下、稳民心的基础产业，又是关乎百姓饭碗和亿万农民生计的民生产业。现阶段我国在农业发展方面还存在诸多弱项和短板，必须加大力度提升农业供给质量，不断完善农业发展基础。主要有以下十个方面。一是要扎实推进粮食生产功能区和重要农产品生产保护区建设，不断提高粮食产量，把中国人的饭碗牢牢端在自己手中。二是要稳定种粮农民补贴，切实保证农民种粮有合理收益，提高农民种粮积极性。三是要进一步优化农业结构，推动品种培优、品质提升、品牌打造和标准化生产，深入推进优质粮食工程，切实提高农产品供给质量。四是要加快构建现代养殖体系，全面提高农业产业化经营水平。五是要优化农产品贸易布局，实施农产品进口多元化战略，支持企业融入全球农产品供应链，向农产品价值链高端迈进。六是要开展粮食节约行动，依法依规厉行粮食节约，减

---

① 习近平：深入学习坚决贯彻党的十九届五中全会精神　确保全面建设社会主义现代化国家开好局。《人民日报》，2021年01月12日01版。

少生产、流通、加工、存储、消费环节的粮食损耗浪费。七是要加强农业种质资源保护开发利用，有序推进生物育种产业化应用，切实加强育种领域知识产权保护。八是坚决守住18亿亩耕地红线，统筹布局生态、农业、城镇等功能空间，科学划定各类空间管控边界，严格实行土地用途管制，落实最严格的耕地保护制度。九是构建现代农村产业体系，打造农业全产业链，加快健全现代农业全产业链标准体系。十是推进现代农业经营体系建设，发展壮大农业专业化社会化服务组织，支持农业产业化龙头企业创新发展、做大做强。

（四）从推动"城乡一体"实现共同富裕路径来看

推进城乡发展一体化，既是国家现代化的重要标志，也是实现农民全面发展、农业农村全面进步的基础所在。必须坚持共享发展理念，把改善农村基础设施和提高基本公共服务水平放在重要位置，提升农村治理水平，进一步夯实乡村振兴基础，推动城乡一体化建设。主要有以下四个方面。一是加快推进村庄规划，保护传统村落、传统民居和历史文化名村名镇，使农村风貌既具有独特的民族特色又富有鲜明的时代气息。二是提升公共基础设施建设和公共服务的智能化水平，着力推进公共基础设施往村覆盖、往户延伸，加快实施数字乡村建设发展工程。三是适应城乡居民共享社会发展成果需要，以城乡基本公共服务均等化为重点，把社会事业发展重点放在农村，推进城乡基本公共服务标准统一、制度并轨，实现从形式上的普惠向实质上的公平转变。四是适应绿色发展需要，深入推进村庄清洁和绿化行动，加大农村面源污染防治力度，建立健全人居环境建设的制度规范，加快美丽乡村建设。总之，推进城乡发展一体化，关键要强化统筹谋划和顶层设计，健全城乡发展一体化体制机制，加快打通城乡要素平等交换、双向流动的制度性通道，既大力实施乡村建设行动，又推进以人为核心的新型城镇化，从而为推动乡村振兴、实现全体人民共同富裕夯实基础。

三、共同富裕是乡村振兴的时代使命

一代人有一代人的使命，一代人有一代人的担当。从 2021 年开始，我国进入"十四五"时期，这是全面建成小康社会和实现第一个百年奋斗目标之后，乘势而上开启全面建设社会主义现代化国家新征程、向第二个百年奋斗目标进军的第一个五年。任重而道远，心潮更澎湃！我们正处在中华民族发展的最好时期，既面临着难得的建功立业的人生际遇，也面临着"天将降大任于斯人"的时代使命。

（一）从推动乡村振兴、实现共同富裕是全体人民肩负国家奋斗使命来看

我们正处在机遇与挑战并存的时代，应立鸿鹄之志，准确定位自己的人生角色，将个人的发展与国家发展相结合起来，肩负起特殊的时代使命。无论以何种身份，无论身在何地，只要愿意将自己的人生与国家相连，只要愿意为之努力奋斗，国家就能够发展，中华民族就能够屹立于世界之巅。中华民族拥有在 5000 多年历史演进中形成的灿烂文明，中国共产党拥有百年奋斗实践和 70 多年执政兴国经验，中国人民正在中国特色社会主义道路上昂首阔步前行，实现中华民族伟大复兴进入了不可逆转的历史进程。我们有坚强决心、坚定意志、坚实国力应对挑战，有足够的信心、底气、能力战胜各种风险。这个信心来自于我们政治上有合力、战略上有定力、发展上有能力、国际上有感召力、党有自我革新力。我们要坚定信仰、信念、信心，这是至关重要的。古往今来，国之大者，概莫于利国利民。时至今日，家国情怀、人民情怀、天下情怀依然镌刻在我们的血脉里，践行在我们的奋进中。奋斗是幸福的，只有奋斗的人生才称得上幸福的人生。在波澜壮阔的时代画卷中，惟有奋斗能留下深深的印记，唯有奋斗者能永葆青春的朝气。新时代是奋斗者的时代，奋斗既是促进时代前进的动力，也是实现个人成长的阶梯。我们要以高昂的激情、积极的姿态担负

起时代赋予我们的使命，砥砺前行、团结奋斗，此时此刻的我们无疑是幸福的。奋斗也是艰辛的、长期的。习近平总书记指出，奋斗是艰辛的，艰难困苦、玉汝于成，没有艰辛就不是真正的奋斗，我们要勇于在艰苦奋斗中净化灵魂、磨砺意志、坚定信念。奋斗是长期的，前人栽树、后人乘凉，伟大事业需要几代人、十几代人、几十代人持续奋斗。① 而推动乡村振兴、实现共同富裕，就需要我们担负使命，艰苦努力，长期奋斗。尤其是在今天，我们越是接近实现中华民族伟大复兴的中国梦，越是要坚守初心，以坚忍不拔的毅力开拓进取，书写新时代奋进者的荣光。推动乡村振兴、实现共同富裕既是时代的使命，也是机遇和担当！

（二）从推动乡村振兴、实现共同富裕是全体人民肩负国家进步使命来看

随着我国社会、经济、科技的快速发展，我们每个人应有担当，不断推动国家进步。中国共产党成立后，充分认识到中国革命的基本问题是农民问题，把为广大农民谋幸福作为重要使命。改革开放以来，我们党领导亿万农民率先拉开改革大幕，不断解放和发展农村社会生产力，推动农村全面进步。党的十八大以来，以习近平同志为核心的党中央坚持把解决好"三农"问题作为全党工作的重中之重，把脱贫攻坚作为全面建成小康社会的标志性工程，组织推进人类历史上规模空前、力度最大、惠及人口最多的脱贫攻坚战，实施乡村振兴战略，推动农业农村取得历史性成就、实现历史性变革。当前，不断推进中国式现代化建设是国家进步的使命。所谓现代化，主要是指从农业社会向工业社会、农业经济向工业经济、农业文明向工业文明转变的过程，其中包含了技术创新、科技发展、农业商业化、工业化、城镇化等方面，同时也包括政治体制、法治、思想观念、管理方法等在内的整体变迁。现代化是一个系统工程，而要全面建设社会主义现代化国家，实现中华民族伟大复兴，最艰巨最繁重的

---

① 中共中央国务院举行春节团拜会 习近平发表重要讲话。《人民日报》，2018年02月15日01版。

任务依然在农村，最广泛最深厚的基础依然在农村。尽管我国"三农"工作取得了显著成就，但离实现乡村振兴、共同富裕还有一段距离。如果没有乡村振兴、共同富裕，就没有国家进步、民族伟大复兴，每个中国人都要有紧迫感和使命感！

（三）从推动乡村振兴、实现共同富裕是全体人民肩负国家强大使命来看

党的二十大报告首次明确提出"加快建设农业强国"，把农业强国建设纳入我国强国建设战略体系，我们应敢于担当，推动乡村振兴，落实共同富裕战略，凝聚发展共识，肩负国家强大使命。农村发展有着广阔天地，但要实现可持续发展，必须依靠产业，只有夯实产业根基，农村才具有"造血"功能，最终实现振兴。乡村兴，民族兴；村镇强，国家强。乡村振兴是全体人民实现共同富裕的必然要求，乡村振兴必须要"以人为本"，坚持农民的主体地位，终极目的是让农民有更多的获得感，得到更多实实在在的利益。当今世界发展大潮中，充满了各种各样的不确定性，我们要正确认清大势，坚定信心，用行动证明，新时代的中国人一定能肩负起党和人民赋予的历史重任，强国有我，不辱使命！

Chapter 9

共同富裕是中华民族伟大复兴的使命

党的十九大报告指出，实现中华民族伟大复兴是近代以来中华民族最伟大的梦想。中国共产党一经成立，就把实现共产主义作为党的最高理想和最终目标，义无反顾肩负起实现中华民族伟大复兴的历史使命，团结带领人民进行了艰苦卓绝的斗争，谱写了气吞山河的壮丽史诗。2021年7月1日，习近平总书记在庆祝中国共产党成立100周年大会上的重要讲话指出："江山就是人民、人民就是江山，打江山、守江山，守的是人民的心。中国共产党根基在人民、血脉在人民、力量在人民。"[①] 中国共产党为人民而生，因人民而兴，党的百年历史，就是一部与人民心连心、同呼吸、共命运的历史。当前，在夺得脱贫攻坚战的全面胜利后，全面推进乡村振兴，实现共同富裕就成为人民群众的共同期盼，成为中国共产党领导全面建设社会主义现代化国家与实现中华民族伟大复兴的方向和使命。

一、共同富裕是改革开放的新征程

改革开放40多年来，我国在经济、政治、文化、社会、生态文明建设等方面取得举世瞩目的巨大成就，为实现全体人民共同富裕的美好愿景奠定了坚实的基础。特别是党的十八大以来，中国在中国特色社会主义道路上艰辛探索、勇往直前，为解决人类问题提供了中国智慧和中国方案。与此同时，中国特色社会主义进入新时代，我国也开启了迈向共同富裕的新征程！

---

① 习近平：在庆祝中国共产党成立100周年大会上的讲话。《人民日报》，2021年07月02日02版。

（一）从共同富裕是改革开放新起点来看

我国已经全面建成小康社会，站在新起点上，必须把促进全体人民共同富裕摆在更加重要的位置，全面深化改革开放，向着这个目标奋进。全面建成小康社会，一个也不能少；共同富裕路上，一个也不能掉队。站在"两个一百年"历史交汇的关键点，启航新征程。要实现共同富裕，首先是要发展，要不断破除制约发展的体制机制障碍，充分发挥市场在资源配置中的决定性作用，更好发挥政府作用，强化有利于调动全社会积极性的重大改革开放举措，持续增强发展动力和活力。我们既要坚持发展，又要缩小差距，更要破解难题，开启全面建设社会主义现代化国家新征程。

第一，实现共同富裕，发展才是硬道理。只有发展，才能提高生活水平，逐步缩小差距，实现共同富裕。北京大学新结构经济学研究院院长、国家发展研究院名誉院长林毅夫表示，共同富裕是希望在发展过程中，民众收入水平不断提高、生活质量不断改善，中等收入群体的比重不断扩大。21 世纪的前 20 年，中国经济一路闯关夺隘，连续迈上 10 万亿元（2000 年）、50 万亿元（2012 年）、100 万亿元（2020 年）三大台阶，20 年内经济总量规模扩大至 10 倍。也正是在这 20 年中，中国完成从温饱到小康的历史性跨越。要实现共同富裕，首先是要发展，发展就意味着技术不断创新、产业不断升级，按照国家的比较优势，做大做强优势产业。2020 年，我国明确提出了 2035 年的远景目标：人均国内生产总值达到中等发达国家水平。林毅夫表示，要达到这一目标，需要在 15 年里，平均年经济增长速度达到 4.7% 左右，只要努力，完全有可能达成。

第二，实现共同富裕，必须缩小差距。共同富裕是全体人民的富裕，不是少数人的富裕，也不是平均主义的"富裕"。要共同富裕，就要缩小差距，推动城乡区域均衡发展。进入 21 世纪以来，我国统筹推进西部开发、东北振兴、中部崛起和东部率先发展战略，取消了农业税，推进社会主义新农村建设，坚持精准扶贫、精准脱贫，实施区域协调发展战略、新型城镇化战略和乡村振兴战略等国家战略……这些举措都是为缩小我国区域差距、城乡差距所作出的努力。改革开放以来，我国 7.7 亿农村贫困人口摆脱贫困，提前 10 年实现《联合国 2030 年可持续发展议程》减贫目标，困扰中华民族几千年的绝对贫困问题历史性地得到解决。但要促进全体人民共同富裕，最艰巨、最繁重的任务仍然在农村。接续而来的推进乡村全面振兴，不仅肩负巩固拓展脱贫攻坚成果的重任，还将推动我国在共同富裕的路上继续向前迈步。

第三，实现共同富裕，破解世界难题。共同富裕，关键在"共同"。经过 40 多年的改革开放，我国实现了经济腾飞，国内生产总值从 1978 年的约 3678 亿元爆发式增长到了 2020 年的破百万亿元，成为全球第二大经济体。2019 年，中国人均国民总收入也首次突破 1 万美元，高于中等偏上收入国家 9074 美元的平均水平。但在这个过程中，贫富分化现象也出现了。如何解决贫富差距问题不仅是中国的难题，也是世界性难题。法国巴黎经济学院下设的世界不平等问题研究室发布的《2022 年世界不平等报告》显示，过去 20 年里，在全球收入最高的前 10% 的人群和底层 50% 的人群之间，收入差距几乎翻了一番。20 年前，全球收入最高阶层成员的收入是最低阶层成员的 8.5 倍，而现在这一差距飙升至 15 倍。而与收入相比，财富不平等更为明显。世界上最富有的 10% 的人拥有全球 75% 的财富，其中约 2750 名亿万富翁拥有全球 3.5% 的财富，高于 1995 年的 1%，而底层 50% 的人口所占财富为 2%。富人们的成功固然依赖于其自身的奋斗和创新，但也依赖于社会在制度设计、基础设施、劳动力等方面因素的"供给"，尽管后者是隐性的。社会如何实现对这部分"隐形要素投入"的分配？解决财富不均的问题，整个世界都在寻找答案。中国在中国共产党成立 100 周年的纪念节点上，宣告全面建成小康社会，共同富裕成为新阶段的主题，就是要破解这一难题。通俗地说，就是根据我国国情，先把"蛋糕"做大，然后通过合理的制度安排把"蛋糕"分好。

（二）从共同富裕是改革开放新征程来看

2021 年是我国向第二个百年奋斗目标进军的开局之年，以习近平同志为核心的党中央科学分析社会主义初级阶段基本特征，深刻把握国内国际发展大势，准确把握我国经济社会发展形势，着眼我国未来的发展趋势和前景，吹响了全面深化改革开放、迈向共同富裕新征程的号角。

第一，人民群众是共同富裕的创造者。在新征程上，人民群众是共同富裕的创造者，主要表现在两个方面。一是人民群众是社会物质财富的创造者。人民群众作为物质生产的承担者和社会生产力的体现者，创造了必需的生活资料。人民群众创造的社会物质财富，是社会得以存在和发展的物质保障。二是人民群众是社会精神财富的创造者。人民群众不仅为精神生产创造了物质前提，还直接参与精神财富的创造，对人类科学、文化艺术的发展作出直接的贡献。马克思主义哲学认为，社会历史从根本上说是生产发展的历史，是人民群众所创造的历史。人民群众是共同富裕创造者与人民是历史创造者相一致。

第二，人民群众是共同富裕的追寻者。在新征程上，人民群众是共同富裕的追寻者。新中国成立以来特别是改革开放以来，中国共产党在社会主义现代化建设中明确提出共同富裕，在"先富带动后富"中探索共同富裕之道，在强调公平中深化对共同富裕的认识，在加快现代化发展进程中深入推进共同富裕。党的十八大以来，习近平总书记就扎实推动共同富裕发表一系列重要讲话，作出一系列重要部署，为逐步实现全体人民共同富裕提供了科学指引、根本遵循。党的十九大提出到 21 世纪中叶"全体人民共同富裕基本实现"的目标，党的十九届五中全会进一步提出到 2035 年"全体人民共同富裕取得更为明显的实质性进展"，这是党对人民作出的新的庄严承诺，深刻表明党对实现共同富裕目标的坚定决心和勇气，也大大鼓舞了全体人民追寻共同富裕的信心。

第三，人民群众是共同富裕的奋斗者。在新征程上，人民群众是共同富裕的奋斗者。习近平总书记2021年8月17日在中央财经委员会第十次会议上讲话指出："幸福生活都是奋斗出来的，共同富裕要靠勤劳智慧来创造。"[1] 共同富裕要靠人民群众共同奋斗，这是根本途径。要加快推动改革开放创新，激励劳动者通过辛勤劳动、合法经营、创新创业创造致富。通过改革开放激励人人参与、人人尽力，充分发挥人民群众的积极性主动性，以人人参与、人人奋斗、人人共建实现人人共享。大力弘扬勤劳创新致富的精神，不断凝聚共识和力量，激发人们奋斗的内生动力，最后实现共同富裕。

（三）从共同富裕是改革开放新里程碑来看

党的十一届三中全会拉开了改革开放的时代大幕，党的十八届三中全会则是新时代改革再出发的顶层设计，是改革开放进程中的重要里程碑。党的十八届三中全会从贯彻共同富裕原则、维护和促进社会公平正义的高度，强调要深化相关领域的改革，建立合理有序的收入分配格局、完善更加公平可持续的社会保障制度、健全城乡发展一体化体制机制等。随着我国全面推进乡村振兴，进一步推动全国人民为完成共同富裕的使命而努力奋斗，这将成为改革开放一个新的里程碑。

第一，从"先富"迈向"共富"是一个新里程碑。2021年8月17日，习近平总书记主持召开中央财经委员会第十次会议，研究扎实促进共同富裕问题，将"促进全体人民共同富裕"提高到夯实党长期执政坚实基础的高度。从"允许一部分人先富起来"的"先富"，到"促进全体人民共同富裕"的"共富"，不仅是对社会主义属性的初心回归，而且关乎今后经济发展新格局的形成。这次中央财经委员会会议，既肯定当年"先富"政策的历史积极意义，又强调"共富"是中国式现代化的重要特征，而要达到共富，就要实现经济社会高质量发展，

---

① 习近平：扎实推动共同富裕。《求是》，2021年第20期。

收入分配制度的改革和创新则是其题中应有之义。这次会议召开后，"共同富裕"接力"全面小康"，成为外媒热词。8月18日，美国《华尔街日报》报道称，投资银行家、媒体人士和中国企业家都聚焦"共同繁荣"这一主题，尝试解读中央财经委员会第十次会议有关共同富裕的含义。前联合国驻华代表处高级经济学家比凯尔斯说："中国想要借此证明，在照顾到所有人口方面，社会主义比西方资本主义更好。"毫无疑问，"共同富裕"已经接力"全面小康"，成为社会民生领域的政策关键词。共享是中国特色社会主义的本质要求，从"先富"迈向"共富"，走共同富裕道路，是一个新里程碑。

第二，从"共富"走向"共同富裕示范区"是一个榜样里程碑。2021年3月出炉的"十四五"规划纲要提出要支持浙江高质量发展建设共同富裕示范区，之后《中共中央 国务院关于支持浙江高质量发展建设共同富裕示范区的意见》《浙江高质量发展建设共同富裕示范区实施方案（2021—2025年）》相继公布，这标志着"共富"政策从文件走向现实。推进共同富裕示范区建设，关键在于改革突破争先，在于体制机制创新。必须对标中央战略要求、对标现代化先行、对标群众期盼，用好改革这个"关键一招"，注重发挥改革的突破和先导作用，在构建共同富裕的体制机制和政策体系上探索创新，以改革引领共同富裕先行示范。浙江省委书记袁家军在《求是》杂志发表题为《扎实推动高质量发展建设共同富裕示范区》的署名文章，一招"高质量发展"为浙江建设"共同富裕示范区"画下时间表、亮明作战图。从"七山一水二分田"的"资源小省"，到为全国"共同富裕"探路示范，浙江在"先富"迈向"共富"之路上，树立了一个榜样里程碑。

第三，从"共富"道路走向治理现代化是一个新里程碑。党的十八届三中全会首次提出"推进国家治理体系和治理能力现代化"这个重大命题，并把"完善和发展中国特色社会主义制度，推进国家治理体系和治理能力现代化"确定为全面深化改革的总目标，从而大大加快了制度建设和治理能力建设的步伐。党的十八届四中全会对全面推进依法治国的若干重大问题作出决定。党的十九大在决胜全面建成小康社会、开启全面建设社会主义现代化国家新征程的战略部署中对制度建设和治理能力建设作出了战略安排。这些为"共富"道路走向治理现代化创造良好的发展环境。2021 年 10 月 23 日，国务院侨办原副主任、外交部原副部长何亚非在宁波奉化举行的"2021 雪窦山全球智库论坛"上表示，我国提出走共同富裕道路，体现了习近平总书记提出的"弘扬和平、发展、公平、正义、民主、自由的全人类共同价值"[①]，是中国治理现代化的又一个里程碑。当前全球收入不平等问题突出，一些国家特别是美国等贫富分化、中产阶层塌陷，导致社会撕裂、政治极化、民粹主义泛滥。这是全球治理和全球化出现的根本问题，许多国家深受其害，苦无良策。对此，何亚非表示，我国领导人在国内治理成功基础上，再次以中国智慧与国内外现实相结合，提出"走共同富裕道路"的破局之道，具有深远的历史和现实意义。"它不仅是中国政治经济发展的指导思想，也为全球治理和破解困惑各国因贫富分化，导致民粹主义和社会撕裂之困境，提供了'良方'。"

二、共同富裕是中国共产党的初心使命

共同富裕是中华民族千百年来的梦想和追求。从孔子的"不患寡而患不均，不患贫而患不安"，到孟子的"老吾老，以及人之老；幼吾幼，以及人之幼"，再到《礼记·礼运》描绘的"小康社会"和"大同社会"的理想状态，都体现了中国人民对普遍富裕的深切期盼。共同富裕也是马克思主义的一个重要发展目标，更是中国共产党始终如一的价值追求。我们党的百年历史，就是一部践行党的初心使命的历史，一部扎实推动全体人民共同富裕的历史。

---

① 习近平在博鳌亚洲论坛2021年年会开幕式上发表主旨演讲。《人民日报》，2021年04月21日01版。

（一）从共同富裕是中国人民质朴理想来看

人民群众对美好生活向往就是我们的奋斗目标，共同富裕是中国人民自古以来的理想追求。纵观中华民族 5000 年文明史，共同富裕始终是广大民众的根本利益诉求。从古至今，共同富裕思想不断发展，不同时期虽有着不同表述方式，但都反映出中国人民对幸福生活、共同富裕的期盼和向往。自古以来，中华民族为摆脱贫困接续奋斗，致力于探索通向共同富裕的康庄大道。通观历代农民战争，从起义者们提出的"等贵贱、均贫富""苟富贵，无相忘""吾疾贫富不均，今为汝均之"的斗争口号和纲领，到"有田同耕，有饭同食，有衣同穿，有钱同使，无处不均匀，无人不饱暖"理想社会的设想，再到孙中山领导的资产阶级民主革命把"平均地权""节制资本"作为经济领域的行动方针，都致力于扫除横亘在实现共同富裕路上的各种障碍，但由于受到生产力水平的限制和阶级矛盾的制约，共同富裕一直停留在空洞想象或政治纲领阶段，直至中国共产党的诞生。在中国共产党的坚强领导下，中国实现了人民生活从温饱不足到总体小康、再到全面建成惠及 14 亿人口的小康社会的历史性跨越，开辟出新时代共同富裕的光明大道。

（二）从共同富裕是共产党人初心使命来看

在中国共产党的百年奋斗中，实现共同富裕始终是党的初心使命的题中应有之义。100 多年来，中国共产党牢记初心使命，坚持全心全意为人民服务的根本宗旨，促进社会公平正义，领导人民逐步走上实现共同富裕的康庄大道。新民主主义革命时期，党团结带领人民进行土地革命、实行"耕者有其田"，通过"打土豪分田地""减租减息""没收地主土地"等一系列政策措施，帮助穷苦百姓翻身得解放，为实现民族复兴创造了根本社会条件。新中国成立之后，党团结带领全国人民，自力更生、发愤图强，初步建立了独立的比较完整的工业体系和国民经济体系，初步解决了几亿人的吃饭穿衣问题，创造了世界公认的奇迹，为实现中华民族伟大复兴奠定了根本政治前提和制度基础。改革开放时期，我们党坚持解放思想、实事求是，作出"贫穷不是社会主义，社会主义要消灭贫穷"的重要论断，通过逐步改革和完善社会主义经济制度，通过允许一部分人、一部分地区先富起来，先富带动后富，极大解放和发展了社会生产力，激活发展潜力、释放社会活力，改善和提高了人民生活水平。党的十八大以来，在以习近平同志为核心的党中央的坚强领导下，统筹推进"五位一体"总体布局，协调推进"四个全面"战略布局，打赢脱贫攻坚战，全面建成小康社会，人民群众共享改革发展成果，推动共同富裕迈出坚实的一大步。特别是经过持续奋斗，到2020年底历史性地完成消除绝对贫困的艰巨任务，意味着占世界人口近五分之一的中国提前10年实现《联合国2030年可持续发展议程》减贫目标，这不仅是中华民族发展史上具有里程碑意义的大事件，也是人类减贫史乃至人类发展史上的大事件，为全球减贫事业发展和人类发展进步作出了重大贡献。

（三）从共同富裕是改革开放的初心使命来看

习近平总书记在庆祝中国共产党成立100周年大会上讲话指出，新的征程上，我们必须紧紧依靠人民创造历史，坚持全心全意为人民服务的根本宗旨，践行以人民为中心的发展思想，推动全体人民共同富裕取得更为明显的实质性进展！[①] 改革开放初期，邓小平同志首先提出让一部分人先富起来。他指出，要允许一部分地区、一部分企业、一部分工人农民，由于辛勤努力成绩大而收入先多一些，生活先好起来。与此同时，邓小平同志旗帜鲜明地指出，我们坚持走社会主义道路，根本目标是实现共同富裕。随着改革开放的发展，江泽民同志强调，实现共同富裕是社会主义的根本原则和本质特征，绝不能动摇。他指出，我们党的宗旨是全心全意为人民服务。我们搞社会主义，是要解放和发展生产力，消灭剥削和贫穷，最终实现全体人民共同富裕。随着改革开放的深

---

① 习近平：在庆祝中国共产党成立100周年大会上的讲话．《人民日报》，2021年07月02日02版．

入，胡锦涛同志不仅强调共同富裕，而且强调通过共享发展实现共同富裕。他指出，共同富裕是中国特色社会主义的根本原则。我国虽然取得了举世瞩目的发展成就，但仍然是世界上最大的发展中国家，经济社会发展面临着巨大的人口、资源、环境压力，发展中不平衡、不协调、不可持续问题依然突出。实现现代化和全体人民共同富裕，还有很长的路要走。党的十八大之后，改革开放进入了全面深化的新阶段，习近平总书记更加强调共同富裕。他指出："我们始终坚定人民立场，强调消除贫困、改善民生、实现共同富裕是社会主义的本质要求，是我们党坚持全心全意为人民服务根本宗旨的重要体现，是党和政府的重大责任。"[①] 习近平总书记系统阐述了共同富裕与共享发展的关系，特别是共享发展的基本内涵。他指出："共享理念实质就是坚持以人民为中心的发展思想，体现的是逐步实现共同富裕的要求。共同富裕，是马克思主义的一个基本目标，也是自古以来我国人民的一个基本理想。"[②] 总之，在我国改革开放不同时期和阶段，党和国家领导人都高度重视共同富裕问题，充分反映共同富裕是改革开放的初心使命。

三、共同富裕是中华民族伟大复兴的使命

我国是世界四大文明古国之一，有着 5000 多年文明史。在中国的历史上，曾先后出现过文景之治、贞观之治、康乾盛世等，彰显了经济文化发展的繁荣景象和中国社会治理的博大智慧。但是，从 1840 年我国近代以来，由于西方列强入侵和封建统治腐败，中国逐步成为半殖民地半封建社会，国家蒙辱、人民蒙难、文明蒙尘，中华民族遭受了前所未有的劫难。然而，中国人民没有屈服，

---

① 习近平：在全国脱贫攻坚总结表彰大会上的讲话。《人民日报》，2021年02月26日02版。
② 习近平在省部级主要领导干部学习贯彻党的十八届五中全会精神专题研讨班上的讲话。《人民日报》，2016年05月10日02版。

为了拯救民族危亡，挺起脊梁，奋起抗争，进行了一场又一场气壮山河的斗争，谱写了一曲又一曲可歌可泣的诗歌！实现中华民族伟大复兴成为100多年来中国人民矢志不渝的奋斗目标！

（一）从实现共同富裕是人类社会共同使命来看

自古以来，我国就有"天下大同"的思想，从早期农家的"并耕而食"理想、道家的"小国寡民"理想、儒家的"大同"理想，到近代康有为的"大同理想"、孙中山的"天下为公"，无不彰显中国人民对共同富裕理想社会的无限渴望，也昭示着中国人民几千年来的价值追求，千百年来中华民族对幸福生活、共同富裕的憧憬和追求从未止步。人类社会的历史，归根结底是文明发展史，是人类社会共同进步的历史。中华民族愿意积极与世界人民协同一道，超越社会制度差异和意识形态分歧，全力推动构建人类命运共同体。习近平总书记深刻把握人类社会历史经验和发展规律，从中国与世界的共同利益出发，提出了用共享发展理念构建人类命运共同体的重大倡议，回应了各国人民求和平、谋发展、促合作的普遍诉求，蕴含着传承千年的中国智慧，指明了人类文明的前进方向。我国的共同富裕理念，不仅是物质财富、精神财富的共享，更是发展权利和发展机会的共享，这不仅是中国人民的追求，也是全人类的向往。从这个意义上来说，实现共同富裕是人类社会共同使命。

（二）从实现共同富裕是中国共产党的使命来看

中国共产党一经诞生，就把为中国人民谋幸福、为中华民族谋复兴确立为自己的初心使命。我们党经过艰难的北伐战争、土地革命战争、抗日战争、解放战争，以武装的革命反对武装的反革命，推翻帝国主义、封建主义、官僚资本主义三座大山，建立了人民当家作主的中华人民共和国，实现了民族独立、人民解放。新中国成立之初，毛泽东同志就提出了我国发展富强的目标，指出这个富是共同的富，这个强是共同的强。改革开放之后，邓小平同志多次强调共同富裕，指出社会主义最大的优越性就是共同富裕，这体现了社会主义本质。党的十八大以来，中国特色社会主义进入新时代，习近平总书记指出"让人民群众过上更加幸福的好日子是我们党始终不渝的奋斗目标，实现共同富裕是中国共产党领导和我国社会主义制度的本质要求"①，强调"实现共同富裕不仅是经济问题，而且是关系党的执政基础的重大政治问题"②，要求"让发展成果更多更公平惠及全体人民，不断促进人的全面发展，朝着实现全体人民共同富裕不断迈进"③。纵观中国共产党百年峥嵘历史，共同富裕始终是中国共产党一以贯之、矢志不渝的追求。从马克思主义唯物史观的视域观照，中国共产党的"共同富裕"伟大实践，无疑有着恢宏厚重、意蕴绵长的历史注脚，更展现出对事物本质与客观规律孜孜以求、循序渐进的科学把握。江山就是人民，人民就是江山。中国共产党打江山、守江山，守的是人民的心。中国共产党根基在人民、血脉在人民、力量在人民，与人民休戚与共、生死相依，没有任何自己特殊的利益。中国共产党从成立之日起就把消灭剥削、消除贫困、实现共同富裕作为始终不变的追求和使命。

（三）从实现共同富裕是中华民族伟大复兴的使命来看

实现共同富裕是中华民族的崇高理想，是中国人民的孜孜追求，是中华民族伟大复兴的中国梦。从春秋战国到康乾盛世，在长达2000多年的时间里，中华民族经济发达、文化繁荣、科技领先，走在了同时期人类文明发展的前列。后来在欧洲发生工业革命、世界发生深刻变革的时期，中国丧失了与世界同进步的历史机遇，逐渐落到了被动挨打的境地。只有创造过辉煌的民族，才懂得复兴的意义；只有经历过苦难的民族，才对复兴有如此的渴望。今天的中国从

---

① 习近平在全国劳动模范和先进工作者表彰大会上的讲话。《人民日报》，2020年11月25日02版。
② 习近平：深入学习坚决贯彻党的十九届五中全会精神　确保全面建设社会主义现代化国家开好局。《人民日报》，2021年01月12日01版。
③ 习近平在纪念马克思诞辰200周年大会上的讲话。《人民日报》，2018年05月05日02版。

积贫积弱的半殖民地半封建社会中走了出来，如今全面建成小康社会已经实现中华民族贯彻千年的朴素理想，迈向中华民族伟大复兴的历史脚步已经无法阻挡。中国人民深深地体会到，没有共同富裕的民族复兴，是无本之萍、无根之木。共同富裕是中华民族千百年来的梦想和追求，是中华民族伟大复兴在物质文明和精神文明方面的现实体现。共同富裕是实现中华民族伟大复兴的必由之路，当下我国已经进入扎实推动共同富裕的历史阶段，必须要把促进全体人民共同富裕作为为人民谋幸福的着力点，将实现共同富裕作为中华民族伟大复兴的光荣使命。

Chapter 10

实现共同富裕与乡村振兴中企业的使命

中国特色社会主义进入了新的发展阶段，我们面临着许多繁重的任务和工作。每个中国人，尤其是企业界和企业家应该责无旁贷地肩负起历史责任与时代担当，为实现共同富裕与乡村振兴，为实现中华民族伟大复兴中国梦贡献自己的力量。

一、实现共同富裕与乡村振兴是企业使命

实现共同富裕与乡村振兴是当下我国企业的一项重要使命，这既包括国有企业，也包括民营企业。在实现共同富裕与乡村振兴的进程中，我国企业和企业家要彰显"英雄本色"，为国家富强承担更多责任和义务，真正体现中国企业和企业家的精神。

（一）从实现共同富裕与乡村振兴是企业社会责任和使命来看

实现共同富裕与乡村振兴是我国企业的共同社会责任和使命。国有所需，民有所呼，企有所应，这反映了我国企业界的心声和责任感、使命感。对于企业而言，社会责任并非一个新鲜的议题，但今时今日，它有更加深刻的时代内涵和现实意义。在当今的社会背景下，更应该鼓励和支持企业履行社会责任。我国企业应该争当促进共同富裕与乡村振兴的旗手，扛起社会责任的大旗，肩负起时代的使命！

第一，要认识企业的社会属性。其一，参与实现共同富裕与乡村振兴是由企业的社会属性决定的。企业既是经济组织，也是社会组织，具有社会属性。社会主义企业既是社会生产力的组织形式，又体现社会主义的生产关系。在新

时代，企业的使命和社会目标就是创造一个更加美好的社会，将履行社会责任的着力点与满足人民日益增长的美好生活需要、解决发展不平衡不充分问题相结合，在促进经济高质量发展、扩大就业、增加税收、改善民生等方面发挥重要作用，进而在履行社会责任过程中助力实现共同富裕与乡村振兴。这是其一。其二，在实现共同富裕与乡村振兴的过程中，要以新的发展理念重新塑造政府、企业、社会和个人的关系。在实现共同富裕的历史进程中，企业将自身发展放到共同富裕的宏大背景下，进行战略升级、产品和服务创新，这有助于提升企业的竞争力，实现企业、社会与政府的多赢。

第二，要认识企业的社会责任。企业的社会责任是企业在其商业运作里对其利害关系人应负的责任。20 世纪 20 年代，英国学者谢尔顿首次提出"公司社会责任"概念，以及管理者的社会责任思想，倡导企业对社区和劳工负责。1931 年美国学者贝利和多德就企业是否应该承担社会责任展开论战，使企业社会责任正式进入公众视野，并经过鲍恩、卡罗尔、弗里曼等学者的讨论不断完善。1953 年美国学者鲍恩在《商人的社会责任》一书中将企业社会责任定义为商人按照社会的目标和价值作出相应的决策和采取具体的行动。20 世纪 90 年代以来，企业行为规范从由跨国公司自我约束的内部生产守则转变为社会约束的外部生产守则。2000 年以来，包括中国在内的 30 多个国家的跨国公司承诺以《全球契约》为框架，改善工人工作环境、提高环保水平。随着经济发展与社会进步，我国企业越来越重视企业社会责任。站在新的历史方位上，在推动共同富裕与乡村振兴的背景下，企业社会责任有了新的内涵、被赋予了新的使命。共同富裕是社会主义的本质要求。共享发展理念更加深入，更好地推动人的全面发展、社会全面进步和全体人民共同富裕，成为全面建设社会主义现代化国家的迫切要求。2021 年 1 月至 6 月，南方周末中国企业社会责任研究中心开展了第 18 次企业社会责任调研，纳入观察样本企业 725 家，涵盖了中国制造业

100 强、中国服务业 100 强、外资在华企业 100 家，以及房地产、互联网、汽车、银行和医药 5 个行业。通过分析调研数据发现，目前我国企业履行社会责任、参与实现共同富裕有以下五个特点：与员工共享发展成果、提供普惠产品和服务、创新性参与社会治理、投身公益慈善、参与扶贫与乡村振兴。由此看来，企业参与乡村振兴建设、推动共同富裕目标实现，作为一种社会责任的新的表现形式，正被越来越多的企业纳入发展战略。

第三，要认识企业的社会使命。企业使命是指企业由社会责任、义务所承担或由自身发展所规定的任务。共同富裕是社会主义的本质要求，是人民群众的共同期盼，而要实现共同富裕，乡村振兴是必经之路。乡村振兴不仅要巩固脱贫攻坚成果，还要以更有力的举措、汇聚更强大的力量，加快农业农村现代化步伐。这就决定了我国企业肩负着实现共同富裕与乡村振兴的使命。2021 年 12 月 4 日，半月谈在海南博鳌举办"共同富裕视野下的企业社会责任"高峰论坛，众多领域大咖齐聚博鳌，共谈"共同富裕"、共议社会责任与企业使命。企业不仅是财富创造的主体，也是财富分配的重要一环，因此，企业积极承担社会责任和使命，对于共同富裕和乡村振兴的实现意义重大。思维造物董事长、得到创始人罗振宇在主旨演讲中说，共同富裕不是劫富济贫也不是绝对平均，而应是依赖着中国人几千年来不断强调的"天理良心"，是一种朴素的道德自觉。共同富裕的美好图景，呼唤着企业朴素的道德自觉。全国政协委员、全国工商联常委、月星集团董事局主席丁佐宏说，在信息流通迅速的网络时代，民营企业要与民众站在一起，就要做财富的创造者，而不做社会财富的独利者。月星在企业管理、团队建设和企业发展过程中一直倡导"店小二"精神，把每一份责任落实到位，把每一份承诺做到极致。月星集团始终秉持着"把美好生活带入每个家"的使命，集团的每一位员工都在为国家发展、人民过上幸福日子、最终步入美好生活而努力。内蒙古伊利实业集团股份有限公司副总裁张轶鹏在主旨发言中说，成立近 30 年来，伊利致力于成为一家推动共同富裕的社会型企业，打造共同富裕的企业典范。在企业层面，努力推动员工共富，让员工发展上有奔头、事业上有干头、工作上有劲头、生活上有甜头。在合作伙伴层面，协力实现产业共富，带动乡村地区实现"再生式"发展，打造与农牧民的利益联结机制形成共同体。在社会层面，全力助推全民共富，坚持投身社会公益、引导环保消费、倡导健康生活。这些都体现了企业的社会使命。

（二）从实现共同富裕与乡村振兴是企业转变经营策略的机会来看

目前已经有一些企业抓住实现共同富裕与乡村振兴的机遇，转变自己的经营策略和思路。例如，2021 年 5 月 31 日，浙江省农发集团召开大会，成立了浙江省振兴乡村建设投资发展集团有限公司（以下简称"乡投集团"），将"现代乡村振兴"板块中企业业务进行大力整合，加强业务协同，围绕"助力乡村振兴"功能谋划产业布局。重组整合完成后的乡投集团通过开展全域土地综合整治，推动城乡要素和优势资源双向流动，拓展农业生产性服务、乡村文旅康养具有示范性先导性的优质业务，推进乡村产业一体化开发运营，形成前端乡村全域土地整治和 EPC（设计采购施工）、新型城镇化片区开发，后端现代农业园区建设、数字种养殖、现代种业及农产品加工为一体的产业集团，业务板块更加齐全，推动现代农村、数字农业建设，走出一条以产业发展为核心助推乡村振兴之路，探索形成可推广、可复制的浙江乡村振兴模式样板。

通过深度观察和分析，我们发现目前企业积极参与共同富裕与乡村振兴有以下三个方面表现。

第一，时序策略。企业的时间策略布局旨在增强企业参与乡村振兴的持续动力，企业需要将乡村振兴战略与企业发展战略有机结合，将企业从乡村振兴的"外力"变为"内力"，成为乡村振兴战略的一部分，实现企业发展和参与乡村振兴两不误。目前一些金融企业已经抢先进行布局。例如，杭州农行扛起乡村振兴与共同富裕的"金融担当"，以"不畏浮云遮望眼"的战略定力，以"一片冰心在玉壶"的坚定信仰，以"不破楼兰终不还"的责任担当，以"咬定青山不放松"的实干精神，锚定高质量发展之路，一张蓝图绘到底，一张蓝图干到底，为杭州争当浙江高质量发展建设共同富裕示范区的城市范例作出贡献。近年来，作为服务"三农"的主力军，杭州农行多方发力、多措并举支持农业大户、家庭农场、农村创业者等新型主体发展。为更好服务乡村振兴，杭州农行成立了5支乡村振兴党员先锋队、44支青年突击队、六批共168名乡镇挂职干部，走进田间地头为农民普及金融知识，提供金融服务，为村民生产办实事，为乡村发展解难题。

第二，区域策略。企业的区域策略旨在让企业发展坚持因地制宜，由于我国东中西部在政治、经济、文化各方面存在较大差异，这一客观因素决定了企业参与乡村振兴的策略不能"一刀切"，需要依据各地的实际情况制定区域性策略。例如，2021年6月25日，中国一汽在总部召开脱贫攻坚总结暨乡村振兴工作推进会，回顾脱贫攻坚工作成果，总结先进经验，对中国一汽乡村振兴"十四五"规划进行说明，并对脱贫攻坚先进集体和个人进行表彰。中国一汽作为中央企业，肩承时代使命，以使命担当践行央企初心使命。中国一汽深入学习贯彻习近平总书记对实施乡村振兴战略作出的重要指示精神，贯彻落实党中央、国务院决策部署，按照国家乡村振兴局、国务院国资委相关要求，大力弘扬脱贫攻坚精神，以实干担当践行央企初心使命，以务实举措推进乡村振兴战略。自2002年起，中国一汽陆续开始定点帮扶及对口支援西藏左贡县、吉林镇赉县、广西凤山县、吉林和龙市、西藏芒康县等5个国家级贫困县（市），累计投入帮扶资金15.6亿元，先后派出挂职干部35人，聚焦"两不愁三保障"，实施了400多个帮扶项目，超过10万建档立卡贫困人口从中受益。截至2020年5月，中国一汽帮扶的5个国家级贫困县全部实现脱贫摘帽。又如，中国移动宁夏公司践行央企初心使命，谱写乡村振兴新篇。中国移动宁夏公司坚决贯彻落实自治区党委政府及集团公司党组各项决策部署，立足国企的职责使命和数字服务优势，主动将自身发展融入宁夏地方经济发展中，以实际行动践行央企初心使命，为提高乡村治理效能、提升村民自治水平、推进乡村法治建设、促进新时代农村精神文明建设注智赋能，为全面"振兴新时代塞上新农村"提供有力支撑。

第三，实践策略。企业的实践策略旨在贯彻其时间策略和区域策略，处理好核心业务发展和参与乡村振兴的关系，通过合理利用乡村资源要素、培育农村新型经营主体、结对帮扶促进集体经济的方式实现乡村产业振兴、人才振兴、文化振兴、生态振兴和组织振兴。2021 年 12 月 11 日至 12 日，以"在高质量发展中促进共同富裕"为主题的第九届中国企业家发展年会在福建省福州市圆满举办，会议从宏观层面引导企业家在更高站位上助力经济高质量发展，通过开展交流合作，激励企业家担当作为，促进共同富裕。中国国际贸易促进委员会副会长陈建安表示，促进共同富裕，解决发展问题是第一位，企业家是构建新发展格局、建设现代化经济体系、推动高质量发展的生力军，期待广大企业立足国内国际两个大局，心怀国之大者，坚定不移办好自己的事。要把握扩大内需战略节点，充分发掘内需潜力，在高水平对外开放中实现更好的发展；大力促进战略性新兴产业发展，推动生产组织创新、技术创新、市场创新，提升产业链、供应链现代化水平；积极落实重大区域发展战略和区域协调发展战略，推动提升区域发展的平衡性；发挥大企业引领支撑作用，提高中小企业专业化水平，促进大中小企业融合发展；主动履行社会责任，稳定就业岗位，投身各类公益事业，积极参与基础设施建设和乡村振兴。

（三）从实现共同富裕与乡村振兴促进企业提升产品和服务来看

在实现共同富裕与乡村振兴进程中，企业要以产业为纽带服务乡村振兴，以优秀企业为龙头带动共同富裕，稳步推进提升产品质量和服务。

第一，企业要构建完整产业链助力乡村振兴。企业要从战略发展的角度，根据乡村特色构建完整的产业链，实行"一条龙"服务，助力乡村振兴，实现共同富裕。

第二，企业要搭建"产销直通车"加快乡村振兴。企业要通过建立生产基地与发展产品联盟等方式，搭建"产销直通车"，创新经营新服务。各地企业积极投身参与"万企帮万村""万企兴万村"行动，带动农民合作社高质量发展，帮助农民实现共同富裕。

第三，企业要创新助农模式推进乡村振兴。企业要有效创新助农模式，例如积极搭建平台，引导农民入股投资、共同发展，通过生产经营入股、土地入股、劳动力入股、财政资金入股、现金入股、土地托管入股等方式，实现"资源变资产、资金变股金、农民变股东"。

二、实现共同富裕与乡村振兴中民营企业的担当

民营企业积极担当社会责任，是企业家高素质的表现。有人提出做企业的三个层次，第一个层次是满足消费者的需求，第二个层次是带动行业的健康发展，第三个层次是推动社会的进步。这三个层次是有内在逻辑联系的，反映了认识从低到高的过程。当企业达到一定的高度时，其社会属性就得到理想的彰显，企业也能平稳快速发展。党的十八大以来，民营经济占全国 GDP 的比重由不到 50% 升至 60% 以上，在稳增长、促创新、保就业等方面发挥了重要作用，是中国经济增长的重要贡献者。在实现共同富裕与乡村振兴的过程中，民营企业也发挥着极其重要的作用。

（一）从民企是实现共同富裕与乡村振兴重要力量来看

虽然在当前复杂的国际国内形势多重因素影响下，民营企业在经营中遇到

了一定的困难，但民营企业作为推动实现共同富裕与乡村振兴重要力量的势头没有减弱，有的甚至是逆势而上，成为社会经济发展的坚定力量。伴随我国经济的快速发展，民营企业数量迅速增长，占企业总量的比例已经超九成，发展活力和韧性充分彰显，其作为推动经济社会发展的重要支撑，也是促进共同富裕与乡村振兴的关键力量之一。民营企业在助力构建新发展格局与推动高质量发展中，也会有更多的发展机遇。

第一，民企是实现共同富裕与乡村振兴的生力军。在 2021 中国民营企业500 强峰会上，中国光彩事业促进会副会长崔根良在主题演讲时表示，民营经济不但有"五六七八九"的特征（即贡献了 50% 以上的税收、60% 以上的国内生产总值、70% 以上的技术创新成果、80% 以上的城镇劳动就业、90% 以上的企业数量），更是就业的主渠道、蓄水池，就业才是共同富裕、全面富裕的压舱石。民营企业是在改革大潮中让一部分富起来的政策鼓励下，成为勤劳先富的群体，这是我国从全面小康到全面现代化的历史必然和时代趋势。民营企业要踏踏实实深耕主业、稳健发展、稳定就业，创造更多的就业、缴纳更多的税收。这就是民营企业对共同富裕与乡村振兴、对政府对社会作出的最大贡献。特别是 500 强民企、上市民企涉及千家万户家庭生活和社会稳定，更要坚守实业、坚守底线，合法合规经营，要规避任何违背经济发展客观规律的盲目投资、无序竞争和冒险发展，绝不能把风险甩给社会、把损失负担推给政府，要做对员工、对社会负责任的民营企业。尤其是在当前推进乡村全面振兴、实现共同富裕的新征程上，民营企业更要有长远的战略眼光和同舟共济的博大胸怀，积极投身乡村全面振兴的大潮，努力开创乡村全面振兴新局面。广大民企在"万企帮万村"精准扶贫行动中发挥了重要作用，也将会在"万企兴万村"行动中勇担历史使命，做推进乡村全面振兴、实现共同富裕的生力军。

第二，民企是实现共同富裕与乡村振兴的"排头兵"。民营企业把参与乡村振兴、推动共同富裕作为履行企业社会责任的战略方向，可以让自身赢得各方尊重，不断提高自己的市场竞争力，实现企业可持续发展。我国民营企业从无到有、从小到大、从弱变强，得益于党的改革开放好政策，归功于这个伟大的时代。民营企业既要依法依规、兢兢业业做大做强企业，多解决就业、多创造价值，为建设社会主义现代化强国添砖加瓦；又要积极响应国家号召，持续回报社会，主动承担更多的社会责任，积极投身到乡村振兴中去，以先富帮后富，助力实现共同富裕。尤其是许多民营企业家出身于农村，这有利于他们认识农村状况和把握市场规律，更好地发挥自身企业的优势和作用，在全力推进乡村振兴、实现共同富裕中做好"排头兵"。

第三，民企是实现共同富裕与乡村振兴的重要力量。长期以来，民营经济在稳定增长、促进创新、增加就业、改善民生等方面发挥了重要作用，已经成为我国经济制度的内在要素，是推动经济社会持续健康发展的重要力量。当前我国实施乡村振兴战略是"三农"工作的总抓手，作为我国经济社会发展重要支撑的民营企业是参与乡村振兴的重要力量。全国工商联的统计数据显示，截至2020年底，进入"万企帮万村"精准扶贫行动台账管理的民营企业有12.7万家，精准帮扶13.91万个村（其中建档立卡贫困村7.32万个）；产业投入1105.9亿元，公益投入168.64亿元，安置就业90.04万人，技能培训130.55万人，共带动和惠及1803.85万建档立卡贫困人口，取得了良好的政治、经济、社会效益。进入实现共同富裕与乡村振兴的新阶段，农业农村部、国家乡村振兴局等部门进一步引导社会资本支持乡村振兴工作，开展"万企兴万村"行动，搭建有效工作平台，加大对民营企业的引导和政策支持，有针对性地引导民营企业优先到乡村振兴重点帮扶县开展帮扶，推动农村产业健康可持续发展。

（二）从民企在实现共同富裕与乡村振兴中的作用来看

民营企业的性质和特点，决定了其拥有更加灵巧的经营体制和机制，锐意进取，开拓创新，在企业转型升级、产品更新迭代上下大功夫。产业链协作是各类企业融通发展的加固器，有的大型民企积极带动中小企业融通创新，坚持产业链领航，为中小企业搭建产业链创新平台，提高中小企业的创新能力和发展能力。有实力、有规模的民营企业，要发挥大企业的优势，带领中小企业积极参与社会公益事业、助力乡村振兴，推动全社会共享发展成果、共同富裕。

第一，民企在实现共同富裕与乡村振兴中的重要主体作用。长期以来，民营企业作为市场经济的重要主体、社会发展的重要力量，始终站稳政治立场，听党话跟党走，依托产业、市场、技术、创新等优势，为推动我国经济社会高质量发展发挥了独特作用，尤其是积极投身于脱贫攻坚伟大实践、乡村振兴伟大事业，为实现共同富裕伟大目标作出了重大贡献。2022年全国两会期间，全国政协委员、内蒙古多蒙德实业集团董事长石磊提交了《有效发挥民营企业在助力乡村振兴促进共同富裕中的作用》的提案，建议正确理解民营企业发展与推动共同富裕的关系，民营企业既要富而思源，又要富而思进、富而思善，把积极创新、创造财富、依法纳税、增加就业作为助力共同富裕的最基本方式，实现先富带后富、帮后富，在共同富裕道路上承担更多社会责任。

第二，民企在实现共同富裕与乡村振兴中的体制创新作用。民营经济发展是我国改革的重要推力和发展的重要动力。在推动共同富裕与乡村振兴的进程中，民营企业要在遵守相关制度的前提下，不断探索多种所有制实现形式，完善企业内部治理结构，健全工资合理稳定增长机制，探索员工共创共享方式，不断增强市场活力，充分调动员工创造财富的积极性，促进民营企业参与乡村振兴、共同富裕的持续推进与不断深入发展。

第三，民企在实现共同富裕与乡村振兴中的公益慈善作用。按照经济学家的解释，社会分配可以分为三个层次：第一层次是以竞争为动力的分配，即根据能力大小决定收入多少；第二层次是以公平为原则的分配，即通过社会保障、社会福利进行再分配；第三层次是以道德为动力的分配，即有些人自愿捐献出钱物给需要救助的一些人，也就是慈善事业。慈善事业是从慈爱和善意的道德层面出发，通过自愿捐赠等行为，对社会的物质财富进行第三次分配。民营企业家作为社会财富重要的参与者、创造者和受益者，也是慈善公益行为的主力军，中国过半企业捐赠来自民企。民营企业在实现共同富裕与乡村振兴的进程中，积极参与和助推慈善公益行动，帮扶困难群体，助力社会服务和社会治理。中国慈善联合会发布的《2020 年度中国慈善捐赠报告》显示，我国内地接受款物捐赠共计 2086 亿元，企业捐赠为 1218 亿元，首次超千亿元。其中，民营企业的贡献占比 51.79%，达 631 亿元，比 2019 年增长逾 3 成。一直以来，民营企业捐赠始终稳定在企业捐赠总额的一半以上，是我国慈善捐赠的绝对主力。此外，中国慈善联合会慈善信托委员会发布的《2020 年慈善信托发展报告》显示，截至 2020 年 6 月末，鲁冠球三农扶志基金慈善信托所持有的股权价值已达 141.71 亿元，加上相关的现金及金融资产等，该慈善信托的资产总规模达 141.79 亿元，是国内资产规模最大的慈善信托，也是首个资产规模超过百亿的慈善信托。慈善组织与社会各界爱心人士共同播撒爱的种子、不断传递社会正能量的慈善氛围已逐步形成，越来越多的民营企业加入到慈善行列中来。

（三）从民企在实现共同富裕与乡村振兴中助力社会发展来看

要实现共同富裕与乡村振兴，必须汇聚民营企业力量。开展"万企兴万村"行动是党中央立足我国农业农村发展实际、着眼民营企业特色优势作出的重要决策，是乡村振兴战略的组成部分。2022 年 1 月 4 日发布的《中共中央 国务院关于做好 2022 年全面推进乡村振兴重点工作的意见》提出，广泛动员社会力量参与乡村振兴，深入推进"万企兴万村"行动。"万企兴万村"行动是一项系统工程，必须坚持政府主导、企业参与、社会协同的大框架，明确各类主体在乡村振兴战略中的角色定位，形成各司其职、各尽其责、各展其能的生动格局，汇聚起乡村振兴的强大合力。

第一，民营企业引领农村产业腾飞。民营企业及各个行业商协会坚守主业、做强产业、创新发展，通过市场循环实现自身高质量、可持续发展，不断推动共同富裕的"蛋糕"做优做大。对于农村产业发展来说，要鼓励民营企业围绕重点产业链，主动对接社会需求，提升产业链配套水平，优化产业生态；围绕特色产业打造专业园区，推动地区特色产业园区升级，为民营企业投身乡村振兴提供优质的发展环境；促进民营企业创新能力的提升，引导民营企业加大创新投入，发挥民营龙头企业的辐射带头作用。

第二，民营企业提高农民收入。民营企业是推动经济社会发展的重要支撑，在促进就业方面也发挥着主力军作用。要把稳岗稳就业与民营企业发展相结合，通过有效方式最大限度激发民营经济的生机、活力和潜力，稳就业保民生，提高农民收入水平。目前一些民营企业以合作的方式参与乡村项目建设，提供资金、渠道和技术等方面的支持，帮助乡村更快、更好地完成项目建设，推动其特色产业的发展。这样一方面开拓市场，拓宽了销售渠道；另一方面解决农民就业，提高了农村居民收入。

第三，民营企业助力农村创新创业。推动乡村振兴，要大力支持乡土人才创新创业，发展民营企业兴乡，推动人才、资金、技术等企业要素下乡，全面激活农村资源。通过激发企业创新创业活力，因地制宜贯彻落实返乡创业扶持、致富带头人培训、移民搬迁创新创业后续帮扶等政策，不断吸纳乡民就业，带动群众发家致富。

三、实现共同富裕与乡村振兴中企业家的使命

在实现共同富裕与乡村振兴的过程中，企业家作为一个群体，要有自己的责任和担当。

（一）从民营企业家在实现共同富裕与乡村振兴中的使命来看

近代以来，我国涌现出很多实业救国的民族企业家，他们兴办了一系列实业、教育、医疗、社会公益事业，帮助群众，造福乡梓，是我国民族企业家的楷模。当前我国处在实现共同富裕与乡村振兴的新征程上，更需要一批"先富带后富、帮后富"的民营企业家。2020 年 7 月，习近平总书记在企业家座谈会上强调，"企业既有经济责任、法律责任，也有社会责任、道德责任"，"只有真诚回报社会、切实履行社会责任的企业家，才能真正得到社会认可，才是符合时代要求的企业家"。[①] 同年 11 月，习近平总书记到南通博物苑考察调研，了解张謇兴办实业、教育和社会公益事业的情况，他指出："民营企业家富起来以后，要见贤思齐，增强家国情怀、担当社会责任，发挥先富帮后富的作用，积极参与和兴办社会公益事业。"[②] 2021 年 7 月 16 日，在全国"万企兴万村"行动启动大会上，中国民间商会副会长、史贵禄代表企业家宣读《让我们积极投身到"万企兴万村"行动中来》的倡议书，站在"两个一百年"奋斗目标的历史交汇点上向所有民营企业家倡议：继续弘扬"义利兼顾、以义为先、自强不息、止于至善"的光彩精神，积极履行社会责任，踊跃投身到"万企兴万村"行动中来，努力成为乡村振兴的生力军和奉献者，用我们的实际行动感恩党、感恩国家、感恩乡村！这就是向当代民营企业家发出的使命召唤。

要彰显企业家精神。"企业家"一词源于法文，原意带有"冒险家"的意思。一般的企业经理并不能称为企业家，只有那些有创新思想和创新业绩并具有"企业家精神特质"的企业领导者才能被称为企业家。企业家是一种稀缺的社会资源，是推动经济社会发展的重要力量。企业家精神是企业家特殊技能的集合，是企业家组织建立和经营管理企业的综合才能，也是一种重要而特殊的无形生

---

① 习近平在企业家座谈会上的讲话。《人民日报》，2020年07月22日02版。
② 贯彻新发展理念构建新发展格局　推动经济社会高质量发展可持续发展。《人民日报》，2020年11月15日02版。

产要素。民营企业是国民经济的重要组成部分，民营经济是社会主义市场经济发展的重要成果，是推动经济社会发展的重要力量，而企业家精神则是民营经济发展的强大动力。在民营经济发展中，民营企业家扮演着重要角色，发挥着重要作用。民营企业家是民营企业的统帅和灵魂，也是改革创新的重要力量。壮大民营企业家队伍，培育和弘扬民营企业家精神，是时代的要求。新时代呼唤现代民营企业家，民营企业家弘扬企业家精神责无旁贷。

第二，要有家国情怀。民营企业家要坚定树立报效祖国的胸怀和情怀，继承先贤优良传统，彰显当代企业家风范。爱国情怀，百年传承。从清末民初的张謇，到抗战时期的卢作孚、陈嘉庚，再到新中国成立后的荣毅仁、王光英等，一大批企业家把企业发展同国家繁荣、民族兴盛、人民幸福紧密结合在一起，主动为国担当、为国分忧。这些是值得当代民营企业家学习和发扬光大的优良传统和精神。在2019年公布的《财富》杂志世界500强排行榜上，中国企业上榜数量首次超越美国，其中包括了华为、阿里巴巴、京东、腾讯、小米等代表信息技术和互联网新业态的民营公司。这也印证中国企业的崛起群像正变得越来越完整，同时意味着伴随世界级企业的崛起，中国需要贡献一批具备全球视野的世界级企业家，他们具备敢于汲取一切有利于企业成长的世界文明的营养的胸怀，具备与世界对话沟通的能力、贡献思想树立全球企业标杆的能力。

第三，要有与时俱进的创新精神。2020年7月，习近平总书记在企业家座谈会上指出，"企业家要做创新发展的探索者、组织者、引领者"①。创新，是企业家的天职。民营企业则是创新的主力军，也是集聚科技创新要素的重要载体。在创新的道路上，没有坦途。伴随着我国的崛起，必然会出现一批带有中国精神烙印的企业家群体，以价值创造引领世界一流企业建设。企业精神是时代的产物，是时代精神在企业生动的反映，它是融汇了时代气息而形成的。时代的

---

① 习近平在企业家座谈会上的讲话。《人民日报》，2020年07月22日02版。

变化总是不断向企业提出挑战，促使企业不断改变自己的经营方向、管理行为、活动方式，因而企业的思想、观念也必然随之变化、更新。进入新时代，党的十九大提出加快建设创新型国家的明确要求，以创新驱动为核心的新发展理念正成为引领中国经济迈向高质量发展阶段的时代精神，这呼唤具有与时俱进创新精神的民营企业家。

（二）从民营企业家在实现共同富裕与乡村振兴中的责任来看

作为先富起来的群体，民营企业家既是共同富裕与乡村振兴的受益者、参与者，更应是共同富裕与乡村振兴的践行者、推动者。在当下实现共同富裕与乡村振兴的伟大征程中，民营企业家要努力奋斗，承担更多的社会责任和义务，谱写出新时代的华章。

第一，要踏踏实实办好企业。2018年习近平总书记在给"万企帮万村"行动中受表彰的民营企业家们回信时说："希望广大民营企业家把握时代大势，坚定发展信心，心无旁骛创新创造，踏踏实实办好企业，合力开创民营经济更加美好的明天，为实现中华民族伟大复兴的中国梦作出新的更大贡献。"[1] 企业是民营企业家的立身之本，做好、做精、做强企业是民营企业家的应然使命。只有企业发展壮大了，才能创造社会财富，吸纳更多就业者，为实现共同富裕奠定强大物质基础。随着以人工智能、大数据、区块链、元宇宙、量子通信、基因工程等为代表的新一轮科技革命和产业变革深入发展，给民营企业和企业家带来挑战的同时，也创造了更为广阔的发展空间和更多的机会。党的十八大以来，以习近平同志为核心的党中央围绕优化营商环境、支持民营经济健康发展等系统部署、科学谋划，出台了一系列改革举措，为中小企业主和个体工商户减轻税费负担，提供更多市场化的金融服务，帮助他们稳定经营、持续增收，

---

[1] 习近平回信勉励广大民营企业家：心无旁骛创新创造　踏踏实实办好企业。《人民日报》，2018年10月22日01版。

以"心无旁骛创新创造，踏踏实实办好企业"。在这样的条件下，民营企业家要增强战略眼光，找准企业优势和发展方位，诚信办企业，勤勉实干、艰苦创业、合法经营，创造更多经济效益。同时，要不断开拓创新，在企业转型升级、产品升级换代方面下功夫，在企业管理、技术革新、人才队伍优化等方面拓展思路，踏踏实实地将企业做好、做精、做大、做强。

第二，要"先富"带动"后富"。民营企业家大多数属于"先富"起来的群体，许多人都是白手起家创业，历经千辛万苦才赚到"第一桶金"，积累起财富。我国已经全面建成小康社会，在这个基础上，要继续把做大"蛋糕"和分好"蛋糕"两件事情办好，大力推动高质量发展，普遍提高城乡居民收入水平，逐步缩小分配差距，坚决防止两极分化。在这种背景下，实现共同富裕与乡村振兴是民营企业家义不容辞的责任，"先富"起来的民营企业家要带动还没有富起来的人实现"后富"。当然，共同富裕是要靠共同奋斗，我们鼓励勤劳致富、创新致富，鼓励辛勤劳动、合法经营、敢于创业的致富带头人，让"先富"带"后富"、帮"后富"，实现全体人民共同富裕。

第三，要助力文化事业发展。共同富裕是全体人民共同富裕，是物质生活和精神生活都富裕。共同富裕涵盖人民对美好生活向往的方方面面，要求在提升人民物质生活水平的同时，不断满足人民群众多样化、多层次、多方面的精神文化需求。精神层面的富裕，有赖于人民文化素质和教育程度的提升。民营企业家在发展文化事业和文化产业中有所作为，就要坚持经济效益和社会效益并重的价值导向。一方面，大力弘扬企业家精神，积极推动内容创新，开发文化创意产品，通过投资、资助、结对、帮扶、共建、引领等各种方式为欠发达地区和困难群众提供更多优质的公共文化服务，为促进人民精神生活共同富裕提供更优质、更丰富、更多样化的文化产品。另一方面，积极支援乡村教育事业发展和农民职业技术素质培训，为农业农村可持续发展和乡村振兴提供人才支撑，为补齐共同富裕短板贡献力量。

（三）从民营企业家在实现共同富裕与乡村振兴中的担当来看

民营企业家在实现共同富裕与乡村振兴中如何更有担当、发挥作用，是每个民营企业家都需要严肃思考和回答的问题。笔者常想，我们这些民营企业家能有机会施展自己的才华，是因为我们遇到了这个伟大的时代，作为改革开放的最大受益者、积极参与者和重要贡献者，民营企业家要在实现共同富裕与乡村振兴中勇于担当，主动作为、积极有为，不负时代！

（1）积极参政议政

近几年来，笔者充分利用人大、政协等渠道，积极建言献策。

例如，在2021年全国两会期间，笔者以中国民主建国会会员身份提出关于乡村振兴的建议。

第一，要充分利用社会资本发展社会主义新农村。社会资本被视为一种生产要素，它和自然资源、人力资源、技术一同构成社会生产赖以正常运转的要素构件。这里所说的实际上是狭义概念的社会资本，简单说就是除政府投资以外的资本，包括农民自筹资本、工商资本、民营资本、外国资本等。目前许多地方农村刚刚脱贫，要走向富裕，建设社会主义新农村，还需要大量资本的投入，仅靠农民自身努力和政府财政支持是不够的。在这种情况下，各级地方政府要充分引导和鼓励社会资本投向社会主义新农村建设。由此建议：在引导和鼓励社会资本方面，应该政府主导、乡村搭台、企业参与，协同进行。即政府制定有关优惠政策，乡村提供优质资源，企业利用资本参与，共同创新和拓宽市场化、公益化相结合的乡村振兴发展模式。

第二，要充分利用各种方式与渠道发展农村经济。乡村振兴与国家、社会的发展方向是相适应的，要结合现阶段农业农村经济发展状况，制定完善的优化对策，利用各种方式与渠道发展农村经济。由此建议：政府可以鼓励企业直接到农村设立各种服务机构，并制定有关税收返还政策。这样，既能合力建设社会主义新农村，又能拓展就业创业空间，还能让农民致富。

第三，要充分利用优势企业参与乡村振兴。企业是参与乡村振兴的重要力量，村企共建成为新时代农村推动自身快速发展的有效模式。这种情况下，更应该充分发挥优势企业参与乡村振兴的作用，带领农民、协助政府，融合乡村一体化发展。所谓优势企业是指与"三农"关系密切的企业，具有资本、技术、人才优势。由此建议：调动和引导一大批国内优势企业共同参与乡村振兴计划。

第四，要加大对新农村建设的财政支持力度。新农村建设需要投入大量的资金，为了保障资金供应，应该加大财政资金支持力度。要按照存量适度调整、增量重点倾斜的原则，调整财政支出结构，不断增加对农业和农村的投入。由此建议：发挥财政资金的导向与杠杆作用，鼓励和引导社会资金增加对农业和农村的投入，并建立完善多元化的农业投入体系，形成支农资金稳定增长的长效机制。

第五，要统筹金融资源倾斜支持乡村振兴。乡村振兴战略是一项长期的系统工程，有巨大的融资需求，需要明确金融机构支持的重点领域和薄弱环节，为全面推进乡村振兴、加快建设农业强国提供更强有力金融支撑。由此建议：政府要统筹金融资源倾斜支持乡村振兴，既做到金融资源均衡配置，又对重点领域、薄弱环节有所倾斜，完善多层次、广覆盖、可持续的现代农村金融服务体系。

又如，2022年3月，笔者出席中国人民政治协商会议第十二届杭州市委员会第一次会议，并提交《关于乡村振兴—新农村建设几点建议》的提案。

浙江加强"整体谋划"，构建共同富裕示范区建设的"四梁八柱"，特别是提出要高质量创建乡村振兴示范省，高水平打造农业农村现代化浙江样板，为全国实现农业高质高效、乡村宜居宜业、农民富裕富足提供浙江经验，令人振奋。

然而，当前杭州市新农村建设仍存在发展不平衡不充分的问题。据笔者调查了解，主要有以下几个方面：有的地方宅基地审批面积不规范、确权不规范，甚至擅自超面积审批，导致出现宅基地面积审批弹性大的问题；村庄空间规划已在各区（县）试点，但有的村宅仍存在规划无序、建设无序现象；新农村建设与美丽乡村建设进展缓慢，有的新农村建设甚至不审批施工、无资质施工，农村建房无序，住宅质量差，存在安全隐患；农村住房产权试办了一段时间，遇到不少问题，推进比较困难，农民积极性不高；新农村建设和美丽乡村建设由于管理部门较多，没有一个牵头部门来统筹管理，推进缓慢。为此，提出以下五点建议。

第一，关于农村宅基地的建议。在机构改革后，农村建房事宜归口农业农村局，但到目前为止各部门之间与乡（镇）的职责分工仍没有厘清。农村建房一般由区（县）农业农村局分管，区（县）规划和自然资源局管理宅基地，再分配到乡（镇），由乡（镇）及村进行审批。由于"多头管理"，宅基地审批不规范，弹性大，很多区（县）并未核发法定许可。为此，宅基地应由农业农村局通过严格程序审批，设立"农村宅基地许可制度"，不得超面积审批，并做好土地复核验收。同时，农村宅基地应列为改革方向，可设定条件进行抵押、转让、流通。

第二，关于新农村规划的建议。加快新农村村庄空间规划试点，推进村庄规划全覆盖，规划设计要根据村民习俗和地方特色，综合交通、环境、生态、排水、排污、垃圾处理等因素，同时将已建、扩建、易地搬迁（新建）结合起来。此外，还要考虑社会服务功能和作用。由具有设计资质的单位编制包括房屋风貌、户型、面积等内容的可参考图集。设立"村民建房规划许可制度"，确保村庄建设有规可依、有制可循，加快农村建设审批速度。

第三，关于新农村建设与美丽乡村建设的建议。目前管理部门较多，应由农业农村局作为主管部门强化牵头作用，联合有关职能部门，理顺行政管理职能，使新农村建设和美丽乡村建设有效推进，共同打造生态美、环境美、文化美的美丽乡村。为使新农村建设有序进行，确保有资质设计和有资质施工，设立"施工许可证制度"。在新农村建设中，规划、设计、建设可以采取招标方式进行，使行政审批与行政监管规范化。同时，积极鼓励各类设计、建筑单位参与新农村的更新、改造、重建。这样，政府主导、专家参与、社会协同，真正打造与美丽中国相适应的美丽乡村。

第四，关于新农村住房产权的建议。要推进农民住房的确权登记发证工作，并研究相关政策，探索农民住房产权流通和转让，但要注意限制城市居民购买。要严格规范办证，有违章的建筑必须拆除后再办理产权证。要开展办理不动产权证的宣传工作，强化农民的房屋产权意识，提高农民办证的积极性。

第五，关于新农村建设市场化的建议。党的十六届五中全会提出了"建设社会主义新农村"这一时代课题，强调建设社会主义新农村是我国现代化进程中的重大历史任务。新农村建设，要坚持走市场化和产业化相结合的发展道路，由农业农村局管理指导，行政主管部门和行业协会加强在市场化运行中的事前、事中、事后监督管理。

再如，笔者提出《关于设立共同富裕"乡村振兴发展基金"的建议》提案。

共同富裕是社会主义的本质要求，乡村振兴与新农村建设是共同富裕的基础和必要条件。要建设社会主义新农村、美丽乡村，扶持农业产业发展，必须多渠道筹措资金。为此，笔者建议设立共同富裕"乡村振兴发展基金"（以下简称"乡发基金"），这对于解决共同富裕与乡村振兴中的资金瓶颈问题有着重要意义。

积极开拓"乡发基金"的资金来源。①企业资金投入。要制定相关政策，鼓励企业投入资金。例如，可以把企业向"乡发基金"投入资金看作公益行为，在计算应纳税所得额时予以扣除。又如，农村的改造、更新、重建项目可交给投入企业，起到积极的导向作用。②宅基地有条件转让资金投入。要制定激活农村闲置宅基地资源的相关政策，宅基地可折价作为资金投入，这样可以盘活资产，解决融资难的问题。③政府财政资金投入。政府从财政预算中划拨一定比例资金作为"乡发基金"的初始基金。④农村集体自筹资金投入。要盘活农村集体资产，扩充专业合作经济组织，"富农民口袋"，以自筹资金。⑤金融企业资金投入。逐步拓宽农村资产抵押物、质押物范围，加大金融企业投入力度。

第二，努力构建"乡发基金"的经营模式。"乡发基金"是一个营利性基金，要按照政府主导管理、企业参与、市场化经营的思路进行顶层设计和规划，监督基金用途，确保投资资金保值增值，使其产生良好的社会和经济效益。

第三，科学管理"乡发基金"项目。可以借鉴其他基金的运作方式，大胆创新，走市场化与产业化相结合的发展道路。积极探索项目运作和管理方式，提高管理水平，防范经营风险，保证"乡发基金"项目的良性运行。

笔者以上建议、提案，受到政府有关部门的关注和重视。

（2）积极参与调研

2022年4月，笔者向民建浙江省委会申报"实现共同富裕的战略目标和路径与发展规律"课题。课题的总体思路是通过对共同富裕的历史必然性进行考察，分析实现共同富裕战略目标面临的问题与挑战，提出实现共同富裕目标的路径，研究实现共同富裕的发展规律性。目前该课题的相关工作正在进行中。

（3）探索企业"共富"

近些年来，笔者将理论和实际相结合，探索浙江英冠控股集团有限公司与合作企业共同富裕的问题。

第一，共同富裕实践探索。笔者认识到，共同富裕既有物质富裕，也有精神富裕，将自己的理论研究与实践相结合，作出了一些积极的探索。从企业发展的体制机制上进行设计与规划，探索企业共同富裕的问题。

第二，共同富裕动力思考。要实现共同富裕，需要各种动力。一是创新动力。结合英冠集团实际，思考后疫情时代的创新发展动力。二是合作动力。结合英冠集团实际，提高与合作企业的协调动力、协作动力、沟通动力。三是管理动力。认识到管理出效益，管理是一种动力。四是效益动力。提出企业既要追求好的经济效益，又要追求好的社会效益。要以效益为中心，以效益为动力。五是人才动力。随着英冠集团的发展，提出人才是"第一动力"，不断提高管理层和员工的业务水平。

第三，共同富裕融合发展。近些年来，英冠集团探索与国内一些知名企业进行"合作"与"融合"发展，积累了一些宝贵的经验，为未来发展奠定了良好基础，也为合作各方找到了共同富裕新思路。

总之，笔者认为，作为一个企业家，首先要对得起"企业家"这个称谓。企业家不仅是企业的经营者和管理者，更是企业的思想者和领航者，在当下应该积极引导和带领企业为实现共同富裕与乡村振兴而勇往直前。这既是责任和义务，也是对企业家的使命和担当的诠释，笔者把这一句话作为本书的结束语！

参考文献

［1］蔡昉.在高质量发展中促进共同富裕.经济日报，2021-10-11（10）.

［2］陈庆修.以人民为中心 促进共同富裕.（2021-10-26）［2022-05-04］. https://baijiahao.baidu.com/s?id=1714614806867771690&wfr=spider&for=pc.

［3］丁建定.实现共同富裕是中国共产党初心使命的重要体现.中国社会科学报，2021-07-07（05）.

［4］何自力.乡村振兴是实现共同富裕必经之路.经济日报，2021-09-22（11）.

［5］黄承伟.论乡村振兴与共同富裕的内在逻辑及理论议题.南京农业大学学报（社会科学版），2021，21（6）：1-9.

［6］孔祥智，周振.我国农村要素市场化配置改革历程、基本经验与深化路径.改革，2020（7）：27-38.

［7］李峰.巩固脱贫攻坚成果 走好乡村振兴之路.山西日报，2020-06-09（09）.

［8］李实，陈基平，滕阳川.共同富裕路上的乡村振兴：问题、挑战与建议.兰州大学学报（社会科学版），2021，49（3）：37-46.

［9］李实.共同富裕需加快城乡要素市场化改革进程.东方城乡报，2021-08-31（03）.

［10］刘奇.八大问题不解决，乡村振兴无从谈起.（2021-12-22）［2022-05-03］.https://m.thepaper.cn/baijiahao_16622164.

［11］卢福成.生态农业助推乡村振兴（新时代新步伐）.人民日报（海外版），2018-10-16（08）.

［12］陆铭.新发展阶段的城乡和区域发展.光明日报，2020-09-08（11）.

［13］罗志勇.开启"扎实推动共同富裕"新征程.新华日报,2021-01-19（15）.

［14］庞无忌.站在新起点的中国 积极促进全体人民共同富裕.（2021-07-02）［2022-05-05］.https://m.gmw.cn/baijia/2021/07/02/1302385015.html.

［15］逄锦聚.科学把握共同富裕与高质量发展的关系.理论导报,2021（9）：17-20.

［16］唐云,唐辉,孟繁芸.从先富共富到共享发展——浅析中国特色社会主义分配理论的两大里程碑.中共乐山市委党校学报,2018（4）：25-30.

［17］万远英,张潇双.共同富裕彰显中国共产党的初心使命.（2021-12-10）［2022-05-05］.http://www.dangjian.cn/shouye/sixianglilun/lilunqiangdang/202112/t20211210_6263205.shtml.

［18］汪仕凯.走向共同富裕：全面深化改革的政治内涵.探索,2019（3）：21-27.

［19］吴海江,阮佳琪.奋进共同富裕新征程.四川日报,2021-07-12（09）.

［20］颜培霞.改革开放以来中国特色村的转型历程与创新路径——兼论对乡村振兴的启示与借鉴.东岳论丛,2021,42（12）：124-132.

［21］杨春光,孟东军,龙海,等.乡村振兴要注重引导资源要素向农村流动.（2019-04-23）［2022-05-03］.https://theory.gmw.cn/2019-04/23/content_32769164.htm.

［22］杨益波.何亚非：走共同富裕道路,是中国治理现代化又一个里程碑.中国经济时报,2021-10-25（02）.

［23］张德勇.共同富裕是人民物质生活和精神生活都富裕.青年时讯,2021-11-01（03）.

［24］张凤波.开启共同富裕新征程.兵团日报,2021-08-30（07）.

［25］张红宇.共同富裕的最大难点在于城乡区域发展不平衡.（2021-12-22）
［2022-05-02］.https://mp.weixin.qq.com/s/7sCN9ma4mZxS43iyUjF2hQ.

［26］张红宇.牢牢把握新时代乡村振兴的历史使命.当代县域经济，2018
（8）：10-17.

［27］张黎黎.论农村经济与生态环境协调发展.新农村（黑龙江），2018
（32）：183.

［28］张琦，庄甲坤.乡村振兴是实现共同富裕的重要战略部署（2021-09-
03）［2022-05-04］.http://www.rmlt.com.cn/2021/0903/624035.shtml.

［29］张友国.中国城乡融合高质量发展研究.人民论坛，2021（32）：78-81.

［30］赵可铭，卫兴华，何干强.共同富裕是社会主义的本质.光明日报，
2013-01-07（15）.

［31］郑风田.新时代乡村振兴的历史使命.（2019-04-23）［2022-05-04］.
http://www.71.cn/2019/0830/1056613.shtml.

［32］郑会霞.构建新时代乡村治理体系.学习时报，2018-08-31（03）.

［33］郑永年.乡村振兴与共同富裕.（2022-01-04）［2022-05-03］.https://
mp.weixin.qq.com/s/3t5sQ2DERFhBFv1Q9dqb9A.

［34］中国社会科学院习近平新时代中国特色社会主义思想研究中心.巩固
拓展脱贫攻坚成果的现实路径.经济日报，2020-12-10（10）.

［35］周其森.夯实乡村振兴的制度基础.经济日报，2019-12-12（13）.

［36］周文.贫困地区从扶贫开发到乡村振兴——进程、难点与路径.西部
经济管理论坛，2020，31（2）：41-49,56.

［37］邹学荣，吴彬，罗婷婷.乡村振兴：乡村发展的历史逻辑必然与现实
路径选择.创新，2020，14（2）：1-9.

后　记

2021年3月12日，《中华人民共和国国民经济和社会发展第十四个五年规划和2035年远景目标纲要》发布，提出支持浙江高质量发展建设共同富裕示范区。5月20日，中共中央、国务院印发《关于支持浙江高质量发展建设共同富裕示范区的意见》。6月10日，浙江省委十四届九次全体（扩大）会议召开，审议原则通过《浙江高质量发展建设共同富裕示范区实施方案（2021—2025年）》。浙江省委主要领导强调，坚决扛起政治责任，为全国实现共同富裕先行探路。笔者看到这些消息之后，就开始思考"共同富裕"的问题。同时，笔者受浙江省高校的邀请，登上大学讲台作了"乡村振兴与共同富裕的战略思考"演讲。2021年12月30日，笔者在中国商报网上发表文章《乡村振兴与共同富裕的使命和担当》。这些成为笔者研究和探讨共同富裕与乡村振兴的起点。

2022年1月9日，笔者在浙江英冠控股集团有限公司的例会上提出了要研究"共同富裕与乡村振兴"课题的想法。当时考虑要研究这个课题，主要有以下三个方面的原因。一是认识到实现共同富裕是今后党和国家一项非常重要的任务，企业家应当积极参与，作出表率。二是认识到实现共同富裕是社会历史的进步，但要实现共同富裕，最难和最关键的任务还是在农村和农民。三是笔者出生在农村，对"三农"问题比较了解，过去也曾经做过一些调研，而且研究这个问题也许会找到与自己事业相融合的亮点。在这种情况下，我们经过多次讨论，最后把研究课题确定为"共同富裕——乡村振兴的使命"。

接着，我们把这个课题的相关内容，先后向杭州出版社总编辑尚佐文、浙江工商大学出版社社长兼总编辑鲍观明、中国商业出版社原副社长马世义作了简要汇报。他们一致认为这个课题很好，符合时代的主旋律，而且有出版的价值。我们从与这三家出版社相关领导的交流中得到了启示，进一步认识到研究

"共同富裕——乡村振兴的使命"课题的理论意义和实际意义。

课题组中还有林日葵老师和俞佳露同志,我们一边学习,一边研究,大家齐心协力。同时,我们的阶段性研究成果也陆续在中国商报和中国商界杂志等网站上发表,得到许多读者的支持和好评。大约经过半年的时间,完成了《共同富裕——乡村振兴的使命》一书。这本书集中了大家的力量和智慧,在撰写过程中学习和借鉴许多专家学者的观点,参考和运用了相关资料,尤其是得到中国商业出版社原副社长马世义、杭州出版社总编辑尚佐文等人的指导,浙江工商大学出版社社长兼总编辑鲍观明的关心,浙江大学出版社的支持。在此,向有关专家学者和关心、支持我们的人表示衷心感谢!

"共同富裕与乡村振兴"课题涉及许多学科的理论和复杂的实践问题,书中可能存在着各种问题与不足,欢迎大家批评指正。

俞则忠

2022 年 5 月 10 日